ヘーゲル「精神現象学」入門

加藤尚武 編

講談社学術文庫

はしがき

「哲学の古典」と呼ばれる書物を一冊も読まないで一生を過ごす不幸な人の数が増えているが、大学の演習でカントの『純粋理性批判』や、ヘーゲルの『精神現象学』を読むとたいていは通読するのに二〇年はかかるというようなペースであるから、読まずにすます人がいても不思議ではない。その本の専門家になる覚悟でないと読み終わらないのである。遅くとも前期のうちに読みきれて、翻訳で読むよりも肌触りが原文に近く、中身がずっと立体的によくわかるという入門書が必要である。

非常に難解ではあるが、マルクスやサルトルを魅了し、ハイデガーもけっして無視することができなかった、この哲学史上の名著を、誰でも読めるように、引用と要約と解説を組み合わせて、全体の面白さがわかるようにしたいというねらいだった。さまざまな迷路があり、高台があり、行き止まりのところがあるという、複雑に入り組んだ『精神現象学』という世界の名所案内と地図とを兼ねた書物にしたいと思った。

この著作の全体像を、どこも同じ縮尺でダイジェストするのではない。思想史的に影響力の大きかった部分は顕微鏡で見て拡大し、ヘーゲルが大まかな流れを描いているところは望遠鏡で見て遠望し、全体として、この著作の面白さがいきいきと伝わるようにするというのが、われわれの方針だった。

初版（一九八三年、有斐閣）、新版（一九九六年、有斐閣）が出て、その新版がこのたび講談社学術文庫版として出版される運びとなった。その新版から後の一六年間で、ヘーゲル哲学への世界的な評価が大きく変化している。かつては英米の哲学界では、ヘーゲルは人間の現実的な経験を無視して、無理な形式的な図式で体系を築きあげた哲学者だという評価であった。それが現在では、英米の経験主義的な精神の描写よりも、具体的・現実的な精神論の可能性をもつ哲学者という評価になった。このヘーゲル哲学への英米の哲学界の新しい見方は、ドイツ・フランスの哲学との数百年にわたる不毛な対立に、新しい展望を切り開くものであって、現代哲学の最先端が、ヘーゲルの『精神現象学』の再評価にあるという思想状況になってきている。

老大家のニコラス・レッシャー（Nicholas Rescher）が、「英米の新観念論」という概観を書いている。

「われわれは明確に観念論的な見方にふたたび復帰する。それはわれわれの自然把握は決定的に媒介されており、心で造られたというのではなく、心で類型化された仕方で、心に関するタームに関連しているという見方である。当世の観念論者たちのすべてをまとめて方向づけているのは、彼らの強調点が、人間の領域に特徴的なファクターを哲学的に理解するという突出点にあることである。人間の領域というのは、理性、規則、慣習、記号、規範、価値、優先権、等々である。」

(C.V.Boundas ed., *Twentieth-Century Philosophies*, Columbia UP, 2007, p.82)

レッシャーは、現代のヘーゲル主義者の立場を「われわれの自然把握は心で類型化された仕方によって媒介されている」と表現しているが、自然が人間によって最初にとらえられる感覚という場面で、もっとも直接的な感覚そのものが、知性や言語によって媒介されているというのは、『精神現象学』の「感覚的確信」（本書の第二章第7節参照）の中心となる思想である。この見方をもっとひろげて「感覚と概念が協力して対象の認識が成り立つ」という言い方にすれば、カントの立場も、ヘーゲルと共通であることになる。

最近のヘーゲル再評価以前（の見方）では、「感覚は、概念の助けを借りずに単独で対象を認識し、それを命題として表現する」という見方が有力だった。自然物は「感覚与件」(sense data) として心のなかに取り入れられるという立場が、英米哲学の主流を占めていた。

レッシャーが新ヘーゲル主義者だと見なしているのは、マクダウェル (John McDowell) とブランダム (Robert B.Brandom) である。

マクダウェルの主著、『心と世界』（*Mind and World*, Harvard University Press, 1994）から、その特徴となる思想を引用しておこう。

「絶対的観念論の核心は、〈概念の領域が外部的な限界をもつ〉という考え方を拒否することである。そしてわれわれはその絶対的観念論のレトリックを飼い慣らす（domesticate）ことを始めることができる地点に達している。たとえば『精神現象学』のヘーゲルの次の言葉を考えてみよう。『思惟することにおいて、私は自由である。なぜなら他者のもとにいるのではないからである』（『精神現象学』ホフマイスター版一五二頁）。この言葉は正確に私が用いてきた〈概念的なものは境界で囲まれてはいない、概念の外部には何もない〉というイメージを表現している。これはヴィトゲンシュタインの〈われわれ――われわれの意味――は、事実の欠落した手前の場所にとどまっているのではない〉という見方とまったく同じである。」

（*Mind and World*, p.44, *Geist und Welt*, Suhrkamp S.69　神崎繁訳『心と世界』勁草書房、八五頁）

『精神現象学』という著作の印象も変わった。霧につつまれた巨大な城であって、そのなかにはまだ探検されていない「絶対的な真理」が隠されているという神話的な『精神現象学』

像から、ヘーゲルも人の子で、苦労しながら無理な道をしゃにむに進んで、かなり未完成だが、しかし魅力に富んだ書物を残したという現実的な『精神現象学』像になってきた。

デカルトから始まる近代の自我概念を絶対的なものにした近代哲学の完成者とか、カント、フィヒテ、シェリングと続くドイツ観念論の頂点とかいうような大袈裟なヘーゲル像に代わって、フィヒテやシェリングと並んで、野心的な哲学像を実現しようとした苦闘の跡を残しているという地道なヘーゲル像が登場している。

ヘーゲル『精神現象学』を暴れ馬ではなく「飼い慣らす（domesticate）」ために、この「精神現象学入門」を役立ててほしいと思う。

二〇一二年三月六日

加藤尚武

目次

ヘーゲル「精神現象学」入門

凡例にかえて

① 引用にはすべて二重の頁数表記をした。たとえば、(106, 85-34) とあるとき、前の (106) はホフマイスター第六版の頁数である。金子武蔵訳(岩波書店)の欄外にホフマイスター第四版の、樫山欽四郎訳(河出書房)にはラッソン第三版の頁付がある。三者はほとんど変わらない。後の (85-34) は、大全集 (Gesammelte Werke : hrsg. v. W. Bonsiepen und R. Heede) の九巻 (1980) の頁数と行数である。行数表示は、引用の始まりの箇所を示す。引用に際しては、テキストの異同を大全集の欄外に記載されていないものをも含めて逐一検討し、解釈上の誤りなきを期した。

② 引用文中、〔 〕は、筆者が補ったものである。

③『精神現象学』以外のテキストからの引用にさいしては、次の略号を用いた。一般に書名と頁数表記の間のローマ数字(例『法哲学』Ⅷ, S. 29)は、ズールカンプ版全集の巻数を示す。GW. は大全集 (Gesammelte Werke) の略号。

④ 執筆者の担当は次のとおりである。

加藤尚武　「序にかえて」「第一章」「第八章」
原崎道彦　「序　章」
伊坂青司　「第二章」
栗原　隆　「第三章」
松山壽一　「第四章」

座小田豊　「第五章」「第六章　21〜23、27、28」
滝口清栄　「第六章　24〜26」
山﨑　純　「第七章」

ヘーゲル「精神現象学」入門

序にかえて──『精神現象学』の意義と位置

『精神現象学』（一八〇七年）には、わくわくするような面白さがある。

まず第一に、意識のさまざまな形態を、最も直接的な「いま」「ここ」「これ」というような、なんの前提も働いていない初発の地点から始めて、知覚、悟性、理性、精神というようにたどっていくという全体の筋書きが面白い。

人間の精神にさまざまな段階や次元があるという考え方は、古くからある。感性と理性の対立関係は、プラトンではこの世と肉体にとらわれている感性と、あの世の真理を伝え、肉体から自由な理性という対比になっていた。つまり、感性と理性は、この世とあの世、肉体と霊魂という原始時代から人間がつくり上げてきた二元論の構図と対応していた。そして感性は低級な能力であり、理性は高級な能力であるという考え方は、カントにもみられるが、そこでも感性から理性へと精神が「発展」したり、「成長」したりするという見方はない。

精神の形成的発展という思想がどこで始まったかは、むずかしい問題になるが、シェリングの『先験的観念論の体系』（一八〇〇年）には、「哲学はさまざまな段階をもつ自覚の歴史である」と書かれていて、低い最初の意識形態から高い最高の意識形態までの歴史をたどるという構想が語られていた。

もちろん文学の方面ではすでに「教養小説（Bildungsroman）」の傑作がゲーテなどによって書かれていて、「精神の形成的発展」という考え方は、さまざまの形で現れていた。伝統的なキリスト教文学のなかにも「ヤコブの梯子」という主題があり、遍歴・経歴を重ねて精神が成長するという物語形式は数々ある。

しかし、哲学的に感覚が理性に成長する必然的な過程を描き出すということは、まったく違った意味をもつ。精神がどんなにたくさんの形態をもったとしても、それがもともとは一つのものだという主張は、精神はもともと二つの別のものの中間者なのだという見方とは、根本的に違う。しかも、精神は自分の成長の跡をたどることで、自分の全体を自覚的に認識する。つまり精神とはそのような全体的な自己認識が可能な存在だという主張が、『精神現象学』に含まれている。

精神の自己認識に似た考え方としては、フィヒテがその「知識学」という言葉を含む一連の著作群ですでに、「知の知」という考え方を出していた。しかし、フィヒテの「知の知」には一種の直観的な性格がつきまとっていて、意識が自分自身の形成過程を観察するという距離の設定がない。

つまり第二に『精神現象学』は、精神の在庫調べという性格をもっている。つまり精神が自分の過去を振り返るということは、過去となってもう存在しなくなった自分を記憶のなかに再現するという性格のものではない。自伝的な回想録とは違う。精神の回想は、すべて自分の現在あるあり方に対応している。つまり、精神が感覚という段階を経験すれば、感覚の富が精神の現在の在庫を形づくる。知覚には、物を多様な性質の統合体としてとらえるという貴重な経験の在庫を与えてくれる。精神の経験では、過去の富はすべて現在に保存されている。

それは同時に人間精神が、歴史的に形成してきた精神史の富でもある。この発想法は、生物学の領域では、エルンスト・ハインリヒ・ヘッケルの「個体発生は系統発生を反復する」という言葉で見事に表現されているが、ヘッケルがこの構想を発表したのは、ヘーゲルの死後、一八七二年のことである。ヘーゲル自身が、この発想法を誰かから学んだとすれば、当然、ゲーテが考えられる。しかし、すでに『血液循環論』で有名なウイリアム・ハーヴィが、この構想を語っていたといわれるから、多様な生物の間に連続的な発展という構造が考えられたときに、ほぼ同時に個体の発生過程が種の進化の過程と構造的にパラレルになるという構想が生まれるのかもしれない。

たとえば古代では人間は自然を学び、中世では自然を超越するものを学び、近代では自然とそれを超越するものの総合を身につけるということしよう（こんなに単純すぎる見方は誰も語ってはいないが）。子どものときには自然を学び、青年のときには神を知り、成人すると自然と神の統一（神即自然）を学ぶといえるとすると、個人の精神的な成長は、人類の精神史を反復するといえるわけである。

自然的で素朴な未分化の統一態から、自然と精神、客観と主観、現象と本質、内在と超越というような二極的な対立の場面に進み、やがて両者を統合する生命的な構造の段階に進むというのは、ヘーゲルの描く発展過程の原型のようなものであるから、個体発生（個人的な形でイメージできる意識の経験の歴史）と系統発生（人類の精神史）とが、直接的な統一、二極的な対立、生命体モデルによる総合という段階を繰り返して進むのである。

ところがもっと面白いことに、『精神現象学』では、そのようにして積み込まれた精神の在庫品が論理的なカテゴリーの形で蓄積されている。つまり、われわれが使う論理的なカテゴリーは、意識の経験の歴史のもたらした成果（結果）なのである。

哲学の世界には、「アー・プリオリ」（先天的）と「アー・ポステリオリ」（後天的）という言葉があって、「経験に先立って」と「経験から得られて」という意味だと説明されている。ラテン語のもともとの意味は「初めから」と「後から」という単純な意味だが、一七世紀頃から、たとえばボイルの『懐疑的な化学者』（一六六一年）などで、いま説明したのとほぼ同じ意味で使われている。

この言葉を有名にしたのはカントで、「アー・プリオリの総合判断はいかにして可能か」という問題が認識論の根本問題だと主張されたのである。このときカントが強くマークしていたのは「因果性」（原因と結果）というカテゴリーで、ヒュームは因果性を所与としての印象に還元すると時間的な前後関係しか残らないから、原因と結果の必然的な連結という観念は「習慣と信念」の所産だと論じた。

カントは、「因果性」はアー・プリオリのカテゴリーなのだから、因果性が所与としての「印象」に還元できなかったとしても、それは当然だといってヒュームの因果性批判を切り返した。

「経験によらないでも真理であることのわかるような知識（アー・プリオリの真理）が存在するか」という問いに対するヘーゲルの解答は、「そのようなアー・プリオリの知識でさえも、哲学的な経験の結果である」ということになる。つまり、『精神現象学』が「論理学」のカテゴリーの導出過程に対応し、論理的なカテゴリーがどのような哲学的な「経験の結果」として発生したかを説明するものであるとするならば、「カテゴリーは哲学的な経験から生まれる」というのが、ヘーゲルの立場だったということになる。

ここで「ヘーゲルは経験からカテゴリーを導き出したのだから、アー・プリオリのカテゴリーの存在を否定して、論理的なカテゴリーは経験の所産であり、アー・ポステリオリだと主張するに違いない」と考えてはいけない。カテゴリーなしには経験が成り立たない。だから経験が先か、カテゴリーが先かという問題は、ニワトリと卵の関係になる。つまりなんの普遍概念も前提されていないはずの感覚的確信の段階でも、実は普遍概念が介入していたことが判明する。

知覚の場合を例として考えてみよう。ここに食塩がある。白い、辛い、水溶性である、食塩水の電気分解をすると水素と塩素が発生する、結晶体になるなどたくさんの性質がある。多数の性質が、食塩という単一の実体の性質だとみなされている。食塩という一つの心棒を中心として、多様な性質という花々が広がっている。つまり「食塩」というもののとらえ方は、花束の形をしている。一つ一つの花は、感覚的な経験の所産である。しかし、「単一の心棒」は、感覚的な経験に置き換えられない。もしも、置き換えられたならば、その心棒もまた、花の一つになってしまう。どの花（感覚的な経験）にも置き換えられないからこそ、心棒の役目を果たすのである。

この心棒の役目を果たす「実体的な単一性」のカテゴリーは、すでに先行する経験の結果として出てきたものなのだ。その経験は、「いま」「ここ」「これ」というような内容の経験である。「いま」というのは、「その言葉を語ったときのその瞬間を指示しています」という約束が成り立っているとしても、その「いま」は、いつでも「いま」といえるのである。朝でも夜でも、いまはいまなのだ。すると、「このときだけ」を指示するという約束でできあがっている「いま」という経験でさえも、あらゆる「いま」を含む心棒という役目を果たしていることがわかる。「さまざまの多様性を貫いて、そのなかで単一であるもの」というカテゴリーが、このような経験で成立しているから、「白い結晶」であっても、「水に溶けて電導性を示すもの」であっても、同一の「食塩」という心棒に結びつけることができる。

ある段階での経験の結果が、次の段階ではアー・プリオリのカテゴリーとなって、もっと高次の経験を成立させる。

哲学的なカテゴリー論には、カント以来、二つの課題がある。一つは、カテゴリーの一覧表をつくること（形而上学的演繹）である。もう一つは、カテゴリーがないと経験の対象が成り立たないことの説明（超越論的演繹）である。なんとヘーゲルは『精神現象学』でこの二つの課題を、一石二鳥の方式で解いてみせようとした。

アリストテレスやカントは、せいぜい一〇とか一二とかの限られた数の基本的範疇を問題にした。ヒュームは、①「類似（resemblance）」、②「同一性（identity）」、③「時間と空間の関係（space and time）」、④「量すなわち数の関係（quantity or number）」、⑤「質すなわち程度の関係（quality or degree）」、⑥「反対の関係（contrariety）」、⑦「因果の関係（cause and effect）」という七項目をあげていた。

ヒュームがこれらの項目をなんの根拠もなく枚挙したので、カントは困って、論理学の判断表からカテゴリーを導き出すという作業を行った。①知性が働くということは判断することである。②判断は概念の組合せである。③判断の分類は論理学の判断表に枚挙されている。④判断表の項目がカテゴリーに対応する。

論理学が、「アリストテレス以来進歩する必要がなかった」とカントが考えたことは、今日ずいぶんと問題にされている。

その一、カントには論理学史の知識がなかったので、ウォルフ学派などが使っていた論理学の教科書をアリストテレス以来変わっていないものと早とちりした。

その二、カントは論理学がすでに完成したと思い込んでいたが、実際にはカントの後でフレーゲから論理学の改革が行われた。

その三、判断という心理的な決定過程と命題形式との区別がカントにはなかった。

ともあれ、ヒュームの七項目とカントの一二カテゴリーはつながっている。ヘーゲルのカテゴリー表も、そこにつながっていく。形而上学的演繹の問題については、さまざまのカテゴリーが、不定形の「存在」が自己限定を強めていくという形で導出される。だからカテゴリーはすべて「存在」の限定されたあり方を示すことになる。超越論的演繹の問題については、カテゴリーという形での純粋概念とその適用である現実的な知識や制度との循環構造のなかにカテゴリーを置くことで解決するという構図になっている。

カントが使った「アー・プリオリだから……」という論述の仕方を、おおざっぱに分類すると「必然的に……」、「統一が成り立つ」、「……より前もって判明」というような三つの意味がある。「必然」「統一もしくは統合」「先行」というアー・プリオリの意味にさらに「総合性」が加われば、鬼に金棒だとカントは考えた。しかし、そうはいかない。

ヘーゲルはまるであらゆる総合判断が分析判断に転換できるように「論理学」を組み立てたようにみえる。概念が「多様を統一にもたらす」という機能をもっているということと、概念がそれ自体多様の統一であるということとは、現代風にいえば違うことなのだが、ヘーゲルは「概念はそれ自身の適用可能性である」という立場をとる。

要約すると、『精神現象学』は、第一に意識の経験の道程であり、第二に人類文化の精神史であり、第三に二つの課題（形而上学的演繹と超越論的演繹）を一石二鳥で解決するカテゴリー論である。

この三つの特性が、なんの破綻も混乱もなく『精神現象学』に実現しているのかというと、そうではない。制作過程の混乱とヘーゲル自身のさまざまな立場の動揺とがからまりあって、この著作は混乱に満ちている。市場に出た刊本の扉が二種類あるとか、「序文」が二つ付いているとか、目次の内容が不統一であるとか、「学の体系、第一部」という性格づけを後でヘーゲルが撤回したとか、初版に異常なほど誤植が多いとか、専門的な角度から研究する場合には、うんざりするほどの混乱がある。

最初に『精神現象学』を開いて読んだときに感じる当惑は、きっと話や話題がうまくつながらないという感じだと思う。「（A）意識」の内容は、「I　感覚的確信」で「いま」「ここ」「これ」という話題が出てくる。「II　知覚」では、食塩の話題が出てくる。「III　悟性」では、感覚世界と叡智的世界という「二世界論」の構図が出てくる。

だいたいここまでは伝統的な認識論と重なりあう領域で、話題がつながっている。「感覚的確信」「知覚」「悟性」は、主観と客観という関係を形づくるので、この三者を本来の「意識」ということがある。

ところが、「(B)自己意識」となると場面が急に人間臭くなる。前半Aは有名な「主人と奴隷」の話で、いわば人間関係の原型が展開されている。社会契約説と構造的に似ているところがあって、中心となる「承認」の概念はフィヒテの『自然法の基礎』(一七九六年)から採ったのだが、ホッブズの『リヴァイアサン』と関連づける解釈もある。後半Bは、背景が突然ローマ時代という歴史的な場面となって、ストア主義、懐疑主義、原始キリスト教が扱われる。中心となる主題は、自己意識が絶対的なものと同化できるかどうかということである。

「(B)自己意識」だけを独立的な著作として読めば、人間精神の歴史の原型の荒削りではあるが、魅力的な分析が展開されているといえるだろう。この部分は、マルクスとか、バタイユとか、コジェーヴとか多くの人に創造的な刺激を与えてきた。

(C)「(AA)理性」のA「観察する理性」では、自然観察、「論理と心理」の観察、骨相学などの観察というように、観察をめぐる話題を集めているが、骨相学などについての頁数が非常に多くて、ヘーゲルが独立の論文を用意していて、それを『精神現象学』にねじ込んでしまったような印象がある。ここでは「精神は骨である」という判断が、最終章の伏線になっている。

理性のB「理性的自己意識の自己自身による実現」は急に小説的な場面になり、ファウスト第一のマルガレーテ悲劇とドン・キホーテが主題になる。Cでは、まるでフランスの知的サロンを風刺したかのように、批評したり評価したりする人間集団のあり方が、哲学的に描写されている。

「(AA) 理性」が個人的な精神であるのに対して、「(BB) 精神」は社会的な文化(さまざまの時代精神)を扱っている。ドラマティックな題材が多く、ギリシャ悲劇の『アンティゴネー』、ローマの散文的な法支配の社会、フランス啓蒙思想での宗教批判、ディドローの『ラモーの甥』、フランス革命、ドイツの道徳哲学、ドイツのロマン派というように大体は精神史の出来事をたどる形で、ヘーゲルの同時代の精神にまで到達する。

「(CC) 宗教」になると、歴史がふたたび振り出しに戻って、東洋の宗教、ギリシャの宗教、キリスト教という描写になる。

ヘーゲルが非常によく考えて、『精神現象学』では世界の歴史が五回にわたって反復される構造になっているとか、自然認識と社会認識が交互に登場することによって、認識の社会性が展開されるのだとか、まことしやかな解釈は多々あるが、叙述の混乱の主たる原因は、制作過程の混乱や、ヘーゲルが印税が欲しくて頁数を無理に増やそうとしたとかいう外面的な事情による。

それだけでなくもっと本質的な混乱は、①体系が完全に自己完結的なものであれば、体系への予備過程が成立しないのではないかという問題にからんでいる。だからヘーゲルは、後に体系の自己完結性を強調する態度に移っていくことで、「体系第一部」という特徴づけを撤回した。②体系構想も、そのなかでの論理学の構想もまだ固まってなくて、『精神現象学』に無理な加筆をしたために、論理的カテゴリーとの対応が崩れてしまっている。それだけではなくて、論理的カテゴリーの基本的な特徴づけについてさえ、ヘーゲルはまだ動揺していた。

③意識の最高形態をどこに設定するかという点についてさえヘーゲルは動揺していた。意識の最後の形態である「絶対知」は、過去の形態の総括にすぎないので、実質的にそれ以前の意識形態で「絶対的な知」が成立していなくてはならない。常識的に考えれば、それはキリスト教（啓示宗教）であるはずなのに、ヘーゲルの宗教批判の基本的なモチーフからすると、「絶対者を自己の彼岸に表象する意識」は、まだ最後の真理にまで到達していない。これに対して「良心」とか「美しき魂」は自己の内部に絶対的なものを見出している。意識の形態論の観点からいえば、良心は「絶対知」である。しかし、ヘーゲルは良心が浅薄な独善となっていると考えて、同時代のモラリズムに批判的な態度をとっていた。だから実質的に「良心」を絶対化することはできない。すると「絶対知」の実質を支える意識形態が不在になってしまうという問題を、ヘーゲルは抱えていた。

さらに、④すべての背景となる歴史観も揺らいでいた。青年時代のギリシャ崇拝に近い感情からすれば、キリスト教文化は否定的にしか評価されない。歴史は近代に向かって下り坂となるが、意識の経験は「感覚」から「絶対知」に向かって上昇しなくてはならない。そしてなによりもナポレオンのイエナ占領のさなかに書かれたこの書物では、フランス革命以後の精神文化の特質は見極めようがなかった。個人の良心を独善に走らせないような近代的な国家制度の見通しが立たなかった。

このように『精神現象学』は、深淵のような混乱や動揺を抱えた完成度の低い著作である。それはヘーゲルの苦闘の軌跡であるかもしれないが、体系の完成を前提にした、安心できる手引き書というようなものではない。

ヘーゲルは自分の哲学に「アルキメデスの点」を置かなかった。フィヒテならば、自我の自己関係性に「アルキメデスの点」を置いていただろう。ヘーゲルには「フィヒテ的な絶対知の設定があぶない」と思われたのではないだろうか。もしも「絶対知」が存在するとしたら、それは絶対的であることが内省的に確実である知ではなくて、あらゆる歴史的な意識形態を総括する知であるから、絶対的なのだというホーリスティックな視点をヘーゲルは設定した。

「ヘーゲルは近代的な自己意識を絶対化した」というようなことを書いて、気の利いた台詞でも放った気でいる哲学史家が日本には多いが、ヘーゲルが『精神現象学』で混乱を重ねながらみつめていた真理は、自己意識は自分一人ではその絶対性を支えきれない不幸な意識であるということである。

ヘーゲル哲学は、近代の自我中心主義の完成態ではない。知のなかに絶対的なものを樹立することがどれほど困難であるかということの貴重なドキュメントが、『精神現象学』なのである。

序章『精神現象学』の成立をめぐる謎

〈概観〉

二〇世紀になって、『精神現象学』は一つのプランのもとに書かれている本なのか、という疑いがかけられるようになった。たしかにこの本は多くの謎を抱えている。しかし定説はまだない（1）。どのような事情から『精神現象学』が構想されたかということについても、いまだ明らかでない。さらに、『精神現象学』が書かれたことで、体系は導入部を必要とするか、というやっかいな問題も生じた（2）。ヘーゲル自身によるものらしい『精神現象学』の新刊紹介の文章が残されている（3）。

1　『精神現象学』は一つのプランのもとに書かれているのか

『精神現象学』の成立史という問題

『精神現象学』というのは、成立史をめぐる問題にとりつかれた、とりわけやっかいな書物だといえる。

もちろん、後の『論理学』（一八一二～一六年）とか『法哲学』（一八二一年）の場合でも、それがどのようにして成立したのかということは、無視できない問題である。それらもまた、複雑に繰り広げられた試行を経ながらできあがったものであり、そうしたいきさつからすっかり切り離して読むことはできない。したがって、成立のいきさつということがそれなりの研究テーマとなりえるということも確かである。それにまた、それらの本にしても、究極の完成にたどりつくというふうにして、仕上げられ、出版されたというわけではなく、あくまでも、揺れ動きつづけた思索がある瞬間にとった姿が記録されたものであるということに、それほど変わりはないのだといえるのかもしれない。

しかし、それにしても『精神現象学』という書物は、そうした本と比べてみても、やはりあまりにも異様なのである。いったいこの本はどんな書かれ方をしたのだろうか。書かれているときに何が起きたのか。そもそもこの本はまともな書かれ方をしていないのではないか。そういうことを（読者に）考えさせないではおかないものを、『精神現象学』という書物は抱えている。とりわけ目立つ点をいくつかあげてみよう。

①　書名が途中で変更されている。『精神現象学』は、すべての原稿がまだ書き上げられないうちに、書かれた部分から印刷にかけられていったらしいのだが（そのこともまたそれだけで十分に異様である）、その順番は、緒論・本文・序文というものだった。そのような順番で書かれ印刷されていったものが、製本の際に、序文・緒論・本文という順番で綴じら

(A)　意識
Ⅰ　感覚的確信
Ⅱ　知覚
Ⅲ　力と悟性
(B)　自己意識
Ⅳ　自己確信の真理
(C)　(AA)　理性
Ⅴ　理性の確信と真理
(BB)　精神
Ⅵ　精神
(CC)　宗教
Ⅶ　宗教
(DD)　絶対知
Ⅷ　絶対知

れたのだ。

ところで、最初に印刷された「緒論」の一頁目には、もともと「意識の経験の学」というタイトルが刷られていた。ところが、最後に印刷された「序文」の一頁目は「精神現象学」というタイトルが刷られて、そして製本の際に「緒論」の一頁目は「精神現象学」というものに取り替えられたのだった。つまり、原稿を書きすすめているうちにヘーゲルは、書名をまったく別のものに替えてしまったわけなのである。

②　全体の構成（章だて）が二重になっている。本文のなかでは、それぞれの章にはローマ数字がふられている。ローマ数字の後に章の表題がくる。ところが「目次」では、それにアルファベットによるもう一つの章だてが追加されており、さらには、新しい表題がそえられている章もある（上図参照）。「目次」というのは、最後に「序文」と一緒に印刷されて「序文」の前に置かれたものなのだが、その「目次」のなかでそういうことがなされているというわけなのである。

③　最初に書かれた「緒論」と最後に書かれた「序文」との

間にズレのようなものがある。どちらでも、この『精神現象学』とはどんな書物なのかということについてのヘーゲル自身による解説がなされているわけなのだが、そこにズレのようなものがあるのだ。どこがどのようにズレているのかというと、微妙でややこしい問題になるのだけれども、とりあえずは、「意識の経験の学」と「精神現象学」という二つのタイトルの違いにみあうようなズレがあるということはいえるはずである。

④ 章の長さが「理性」章から突然ふくれあがっている。オリジナルの頁数でいえば、「意識」章が七九頁で「自己意識」章が六一頁だけなのに、そのあと「理性」章がいきなり二一四頁に増えて、さらに「精神」章では二四九頁にまでふくれるが、「宗教」章はやや減って一一七頁となり、そのあと「絶対知」章がぐんと減って二四頁という具合になっているのである。

こうした章の長さのばらつきはあまり本質的なことではないのかもしれないが、ともかくひどくアンバランスではあり、実はそのことはヘーゲル自身も認めていた。『精神現象学』がまもなくできあがることをシェリングに伝える手紙（一八〇七年五月一日付）のなかで、ヘーゲルは「後半のふつりあいも大目にみてほしい」と書いている。ヘーゲル自身もそのアンバランスのことを気にしていたことは確かである。

定説はまだない

とりあえず、とりわけ目立つところだけをあげるだけでも、こんな具合になる。これだけでも、たとえば、『精神現象学』という本は、書きすすめられていくうちにその構想がなし崩し的に変化していくという、なにかアナーキーな書き方をされた本だったのではないかというような疑いをかけられるには、すでに十分かもしれない。そして、そうした疑いの目でみてみれば、構想のなし崩し的な変化があったのではないかという推測を裏づけるかのような証拠（細かなものも含めて）がいくらでも目についてくるというわけなのである。

しかし、『精神現象学』にそうした疑いの眼差しが向けられるようになったのは、実は最近のことなのである。『精神現象学』という作品の帯びる複雑な性格が論じられることはあっても、まさか「体系の哲学者ヘーゲル」がそのようなアナーキーなことをするはずがないと考えられていたのかもしれない。二〇世紀になるまで、そうした疑いを口にした者はいなかった。それが、二〇世紀になって、ヘーゲルがイエナ時代に書き残した未完の草稿が次から次へと公刊されて、その頃のヘーゲルが体系をめぐって激しい試行を繰り返していたことが明らかになった。

そして『精神現象学』という作品も、書き下ろされた原稿から印刷にかけられていくそのさなかで、いまだ構想が大きく揺れ動きつづけていたのではないかということが考えられるようになったのである。つまり、『精神現象学』もそれらの草稿と同じように、いまだ未完成のものだったのであり、未完成のまま印刷にかけられていったのではないか、というわけなのである。

では、『精神現象学』という本が書きすすめられていくうちに、本当に、その構想がなし崩し的に変化していくというようなことが起きたのだろうか。そうした変化が本当に起きていたとして、それでは、それはどのような変化だったのか。もともとどのような構想だったのか。それがどんなふうな変化をこうむっていったのか。

実は、この問題をめぐって「定説」のようなものは（いまだ）ない。『精神現象学』の成立史に関して確実なこととしていえることといえば、おそらく、その印刷が一八〇六年二月に始まり、翌年の夏前に本が仕上がったということぐらいまでである。そこから先どんな仮説を立てるかについては、構想のなし崩し的な変化があったと考えるにせよ、あるいは、なかったと考えるにせよ、無限のバリエーションが可能になるといえる。

結局のところ、よくわからないのである。考察のための資料となりえるものがあまりにも少ないこともあり、決定的なことをいうことが不可能に近いのである。たとえば、一九六〇年代から七〇年代にかけて、ペゲラーやフルダやトレーデという（一流の）ヘーゲル研究者たちがこの問題をめぐって議論を交わしたことがあったが、結論は出ないままに終わった。ただし、構想のなし崩し的な変化があったのかなかったのかという、そうしたやっかいな問題を『精神現象学』という書物は抱えているのだということが、いちおうヘーゲル研究における「常識」となったということだけはいえる。

2　『精神現象学』は体系においてどういう位置づけをもつのか

『精神現象学』の成立史をめぐる問題というのは、いま述べたような、執筆や出版のいきさつに不透明なところがあるということだけではない。『精神現象学』そのもののヘーゲルの体系全体における位置づけに、かなり曖昧なところがあるのである。

どんな体系の「第一部」なのか

『精神現象学』はヘーゲルによって「体系第一部」と位置づけられている。「体系第二部」としてそれに続くのは、例の「論理学・自然哲学・精神哲学」というエンチクロペディー型の体系である（ただし『精神現象学』には、そうははっきり書かれていないのだが）。

ヘーゲルがその独自の体系を構想しはじめるのは、一八〇一年にイエナ大学に（哲学の講師として）勤めるようになってからのことなのだが、ところが、そのときはまだ体系は論理学・自然哲学・精神哲学からなるものであって、そこには『精神現象学』のようなものが先行させられるということはなかった。それが、いつのまにか『精神現象学』なるものが考えだされていたのだ。

では、そうした『精神現象学』は、いったいどのような事情から構想されることになったのか。そして、それはいつ頃のことだったのか。実はそれがはっきりしない。それを考えるための直接の手がかりとなるようなものさえ、ほとんど存在していないのである。さらには、ヘーゲルが『精神現象学』を執筆していたときに、どのような（その『精神現象学』に続く）第二部を構想していたのか、ということに関しても、必ずしもはっきりしないのである。

体系に導入部は必要なのか

もちろん、それだけのことならば、単に『精神現象学』の生い立ちに関すること、あるいは『精神現象学』の周辺事情に関することでしかなく、まだそれほどたいしたことではないともいえよう。だが、そこから問題はさらに深刻になる。つまり、ヘーゲルの体系というのは、もともと、それだけで完結した一つの世界を形づくっているものであり、どんな導入部も必要としないどころか（本当ならば）どんな導入部もあってはならないはずのものなのだ。それなのに、どうしてその体系にヘーゲルは『精神現象学』のようなものを先行させたのか、という問題が起きてくるのである。

実際にヘーゲル本人が、『精神現象学』は体系への導入部のような役割を果たすというようなことを、その「序文」や「緒論」のなかでしきりに語っているのである。もしヘーゲル自が『精神現象学』なるものを構想も出版もしなかったとしてみよう。その場合、ヘーゲル自身にとっても、あるいは、後のヘーゲル研究者にとっても、体系への導入はいかにして可能かなどということは、問題になりようがなかったはずなのである。『精神現象学』なる本が出版されたことで、ヘーゲルの体系は、そうした（本来ならば問題になるはずのない）問題を抱え込むはめになったのである。

さらには、ヘーゲルが『精神現象学』の出版の後しばらくして完成させたその（エンチクロペディー型の）体系では、『精神現象学』は大きく縮小されたものが精神哲学のなかに組み込まれることになったという事実や、ヘーゲルがその死の直前に『精神現象学』第二版を計画しながらも、そこからは「体系第一部」というタイトルを削除させることになっていたという事実も、この問題に微妙な彩りをそえることになる。

もちろん、『精神現象学』をめぐるこうした問題に対してなんらかの解答を準備しないかぎり、『精神現象学』という本は読めないとか理解できないのだということにはならない。たとえば、それぞれの章でヘーゲルが繰り広げている議論をたどってみようとするとき、『精神現象学』をめぐるそうした問題は、とりあえずは棚上げにしておいてもかまわないかもしれない。けれども、『精神現象学』という作品はいったいなにものなのか、ということを考えてみようとするとき、そうした問題を避けて通ることは絶対に（といっていいほど）不可能なのである。

3 『精神現象学』の自著広告

ここで、どうもヘーゲル本人によって書かれたらしい、ある文章を紹介しておきたいと思う。新刊紹介の文章である。最初に『バンベルク新聞』の一八〇七年六月二八日号と七月九日号に掲載され、そのあと他の新聞にも掲載された。

ヘーゲル本人によって書かれたという証拠はないのだが、『精神現象学』を出版したあとイエナ大学を去ったヘーゲルがちょうど『バンベルク新聞』の編集者をしていたときに、この記事が掲載されているということもあり、著者はほぼ間違いなくヘーゲルだとみなされている。ヘーゲルが書いたという絶対の保証がないというところは、いかにも『精神現象学』という（謎だらけの）本に似つかわしいのかもしれない（以下の自著広告の訳出にあたっては、加藤尚武編『ヘーゲル「精神現象学」入門』初版、有斐閣、の二二三〜二二四頁を参考にさせていただいた）。

「バンベルクおよびヴュルツブルクのヨーゼフ・アントン・ゲープハルト書店から次の書物が出版され、信用あるすべての書店に発送されている。

G・W・F・ヘーゲルの学の体系。

精神現象学を含む第一巻。大八折り判。一八〇六年。六フローリン。

この巻は生成する知を叙述する。知の基礎づけに関する、心理学的な説明とか、あるいはもっと抽象的な解明に代わって、精神現象学が登場しなければならない。精神現象学は学に至る準備をある一つの観点から考察するのだが、その観点に立つことによって、精神現象学は新しい注目すべき学となり、そして哲学の第一の学となる。精神現象学は、精神のさまざまの形態を旅路の宿駅として含むのだが、それらの宿駅を経ることによって精神は、純粋な知すなわち絶対精神となる。この学の主要区分において考察されるのは、意識、自己意識、観察し行為する理性、精神そのものであり、精神は、人倫的な精神、教養形成された精神、道徳的な精神として、そして最後に宗教的な精神として、そのさまざまの形式において考察されるのだけれども、この主要区分はさらにいくつかに細分されている。一見すると、精神のさまざまの現象の王国がカオスのごとく繰り広げられているようだが、その王国は、それらの現象をその必然性に従って叙述する一つの学的な秩序へともたらされていくのであり、その必然性のうちで不完全なものは解消され、次の真理であるより高次のものへと移行がなされるのだ。それらの現象が究極の真理を見出すのはまず宗教においてであり、そのあと、全体の帰結である学においてである。

序文のなかで著者は、現段階における哲学の欲求であると著者に思われることについて、さらに、現在哲学の品位を落としている、哲学的な諸形式の不遜や横暴について、そして、哲学と哲学の研究に際して何が重要であるのかについて、表明している。

第二巻は、思弁哲学としての論理学の体系と、哲学の残りの二部門、つまり自然の学と精神の学を含むことになる。」 (III, S. 593; GW. IX, S. 446-7)

最後に、ここで取り上げた『精神現象学』をめぐる問題にこだわりぬいた考察として、とりあえず原崎道彦『ヘーゲル「精神現象学」試論——埋もれた体系構想』(未來社、一九九四年)をあげておきたい。

第一章　『精神現象学』の基本概念――「序文」と「緒論」

〈概　観〉

『精神現象学』には「序文（Vorrede）」と「緒論（Einleitung）」という二つの前書きがある。「序文」は、ヘーゲルが『精神現象学』を執筆してから後に、自分の哲学体系像の全体を語ろうとして書かれたものである。「緒論」は、『精神現象学』を執筆する前、もしくはその途中で書いた、意識の記述の方法論という性格の強い文章である。しかし、どちらも独立してそれだけで『精神現象学』の前書きの役目を果たすようにできている。そこでまず、体系の自己完結性と体系への導入との関係について、「序文」と「緒論」に共通する問題を考えてみよう（4）。次に、「序文」で書かれ、ヘーゲル哲学全体の序説の役目を果たす「実体＝主体」論の説明をしよう（5）。そして、「緒論」で書かれた意識記述の方法論の意味とそこに含まれる問題点を考えてみたい。この二つの「序文」と「緒論」には、ヘーゲル哲学の方法論の深い問題点がひそんでいる。「緒論」でヘーゲルは従来の哲学の基本的な構図、すなわち主観と客観の比較という「反省哲学」の構図が必ず行き詰まってしまうことを見事に説明する。そして、ヘーゲル独自の意識の内在的な記述の可能性を展開する（6）。

4　哲学体系の自己完結性とそれへの導入

哲学にとっては余計なもの

おそらくは、本文の執筆前に書かれたと思われる「緒論」は、意識の経験を叙述するときの基本的なスタイルの説明をしている。「緒論」（導入）は文字通り、現象学の世界に読者を導き入れるための助走路である。これに対して「序文」は、「学的認識について」という副題が原著の目次についているように、『精神現象学』だけに限定されないヘーゲル哲学全般の根本的立場を宣言している。どちらの前書きにも、哲学的な著作にとって本来は前書きは不要だということが書いてある。

執筆時のヘーゲルの構想では、『精神現象学』は独立の書物ではなかった。『精神現象学』初版のタイトルは、「学の体系、第一部、精神現象学」となっていた。『精神現象学』は、「思弁哲学としての論理学の体系、および哲学の他の部門の体系すなわち自然の学と精神の学」を「第二部」とする「学の体系」の「第一部」として書かれたのである。

体系への梯子なのか、体系そのものなのか

哲学とは本来、真理の有機的な自己展開である。この有機的展開過程――すなわち体系

——のほかに、前もって列挙されたり、断言されたりする説明は、哲学の本筋にもとる。「哲学以前」は、すでに哲学なのである。

「著作には、序文において、ある説明が先立つ習慣になっている。その著作で筆者が企てた目的とか、〔執筆の〕動機とか、同一の対象を扱った古今の論述に対する関係だと彼が思うものとかの説明である。こうした説明は哲学的な著作では余計であるばかりか、事柄の本性からみて不適切であり、害になると思われる。」　(9, 9-2)

「哲学では、事柄そのもの、すなわち真理においてものごとがなんであるかということの現実的認識が行われるよりも前に、前もって、絶対的なものを捕まえる道具としてとか、人間がものごとを眺める手段とみなされる認識について理解を得ておくのが不可欠だという普通の考え方がある。」　(63, 53-1)

ところが、ともするとここからは絶対的なものと認識を分断する間違った前提が導かれるとヘーゲルは論ずる。

もともとヘーゲルにはイエナ時代以来、本来の哲学に先立って、「暫定的に哲学すること」は誤ちだという考えがあった。哲学とは、ユークリッド幾何学よりももっと完全に、根本前提から始めて必然的・自動的に絶対者の認識に到達するようなものだというのである。

もし哲学体系が本当に有機的に全体と部分が組み合わさった真理の全体を表現しているとすれば、体系の外にはみ出た部分は真理ではないことになる。しかし、まだ体系の外に立っている初心者もいる。哲学体系が自己完結的なものになりきってしまえば、まだその体系の境地、すなわち学にまで高まっていない初心者の意識は、体系の外にとりのこされてしまう。

そこで初心者である意識を体系にまで高める「梯子」が必要になる。この「梯子」は体系という「母屋」の内部なのか、外部なのか。外部だとすると、それは真理の外にはみ出た余計者だということになる。だから哲学体系に「序文」はいらないはずなのである。幾何学の公理に前提があってはならないのと同じように、体系に「序文」があってはならないのである。しかし、『精神現象学』も梯子であり、導入部分である。哲学一般の著作に「序文はいらない」とすれば、「精神現象学そのものもいらない」ことになる。

ヘーゲルはそれを「学の体系、第一部、精神現象学」として公刊した（一八〇七年）。そのときにはまだ体系は完成していなかったが、体系が完成して『エンチクロペディー』が書き上げられると、『精神現象学』は「小現象学」となって体系のなかほどに組み込まれ、梯子としての性格を失っている。当然のようにして「体系の第一部」というタイトルはこの書物から撤回された。まるで本物の建築物ができたので梯子を外したといわんばかりだ。

「序文はいらない」と語る「序文」があるという不整合は、体系への導入部を体系の第一部とする不整合と同じ構造をしている。体系が完全な自律的な完結体ならば、それへの導入部分は不要になるはずなのだ。それほどまでに体系の有機的完結性が重視されていた。

その有機的に完結した学問性にどうやったら到達できるのかは、到達してみないとわからない。つまり『精神現象学』が学問性をもつことができるのかどうかという問題は、その末尾の「絶対知」に到達してはじめてわかるという仕組みになっている。だから、「序文」の段階で、あらかじめ『精神現象学』の学問性を説明することはできない。

『精神現象学』という書物はとても奇妙な著作で、ヘーゲルは最後の段階で、最高の絶対知という観点から、『精神現象学』そのものが可能になる理由を説明している。つまり、最後の章は、次に続く体系の学問性を説明するだけではなくて、『精神現象学』の学問性までも説明しなくてはならない。

『精神現象学』では「序文はいらない」というよりは、「序文は書けない」というべきではないだろうか。なぜなら、前もって『精神現象学』を導き出す前提を述べることができず、『精神現象学』の帰結が『精神現象学』の前提を明らかにするという構造になっているからである。

5　実体＝主体論

ヘーゲルにかぎらず、ドイツ観念論の哲学者たちは、完全な体系の形成をめざしていた。

すなわち、一つの根本命題からすべての真理が自動的・必然的に展開されて出てくるシステムをつくろうとしていた。しかし、ヘーゲルはただ有機的な体系をつくろうとしていただけではない。そこに「絶対的なもの」の認識が可能になることを求めた。体系の原理を説く次の言葉は、ヘーゲル哲学の根本テーゼといってもいい。

伝統的な意味での「実体」の概念

「私の見解の正しさは体系そのものの叙述によって示すよりほかにない。こうした私の見方からすると、すべては次の点にかかっている。すなわち、真なるものを実体（Substanz）としてではなく、同様に主体（Subjekt）として把捉し、表現することである。」（19, 18-3）

この文章は、「実体＝主体」論と呼びならわされている。しかし注意深い読者は、ここでのヘーゲルの主張を「実体＝主体」論と呼ぶのを不審に思うだろう。「実体としてではなく、同様に」という表現は落ち着きが悪い。一つの文脈からみると、ここではヘーゲルが、「真なるもの」は「実体」ではなく「主体」だといっていることになる。しかし同じ「序文」の他の箇所では、たとえば、「生きた実体は主体である」（20, 18-18）、「実体は本質的に主体である」（24, 22-3）、「実体はそれ自身において主体である」（45, 39-19）というように、さまざまに「実体は主体である」という主張がなされている。

一方では「真理は実体ではなくて、主体である」、他方では「真理は実体であり、かつ主体である」。この文章には両方の意味が込められている。つまり「実体」という概念が両義的なのである。

「実体」とは、ギリシャ哲学以来「基底に横たわるもの」のことである。真の意味で存在するもの、真実在である。この世界でさしあたって眼に映るものは、すべて移ろいゆくもの、亡びるものである。こうしたものは真に存在するものとはいえない。「真にあるもの」「変化を通じて不変のもの・自己同一を保つもの」「変化する現象の基底にあって、それを支えるもの」が「実体」である。他方スピノザは、世界のなかのあらゆるものの存在根拠を実体と呼んで、神こそが実体だとした。この存在根拠をヘーゲルは、物の存在の根底には主客の統一があるという意味に解して、「真なるもの」と呼ぶ。

世界の全体を、地球だとか、宇宙だとかいうような自然物として考えるのをやめて、世界に実在する真理のすべてだとしよう。たとえば、物理学とか論理学とか精神哲学とかのすべてが世界の真理の全体だと考えるのである。それを「実体」と呼ぶとする。「実体」というのは普通は「本当に存在するもの」という意味だから自然物を指すことが多いが、実在する真理の全体こそ世界の中心にあるものだと考えて実体と呼ぶ。

すると、その実体は、現象や感覚的な印象の蔭に隠れている質量のようなものではない。

むしろ、自分から自分を明らかにする真理だといえるだろう。そこから「実体は主体だ」という考えが出される。これはもともとスピノザが神を「実体」と呼んで、「神即自然」という立場を打ち出したことからきている。スピノザは神をすべての自然物の総元締めとなる「内在的原因」と考えていたのだから、スピノザの「実体」（神）を、世界の真理の全体と解釈することにはさほどの飛躍はない。

真なるものは自らを展開していく動的なものである

では、ヘーゲルは「実体」という概念のどこに否定的ニュアンスをみているのか。それは、「実体」が伝統的に「固定的・静止的な自己同一性」として、また、人間の認識、実践活動の彼方に与えられて横たわるものと考えられてきた点にある。すなわち、認識の目が届かない奥底に横たわっている絶対的なものという実体の性格をヘーゲルは拒否する。ヘーゲルは「実体」を「直接性」「自己意識とあいいれないもの」「区別も運動もない単純性」「前提された普遍性」と言い換えている。

「実体＝主体」論は、個別者の存在の基である真実在、すなわち〈実体〉は、本来は、自らを展開していく動的なものであるということを告げている。もっとわかりやすくいえば、真理はひとり歩きする。「真なるものは、それ自身にまで導かれるのに〈あんよひも〉を必要としない。いわば自力で登場すべく、自分のうちに力をそなえているはずである」（「哲学的批判一般の本質」II, S. 180)。

「主体」の構造

真理・絶対者・実体が自ら姿を現し、自らを展開する。ところで、アリストテレスの神は自分からは動かないで、人を動かす（不動の動者)。ヘーゲルの神・絶対者は自ら動く、生きた実体である。

「生きた実体とは、真実には主体であるような存在である。すなわちその実体が、自分自身を定立する運動であり、自ら他者となりつつ、他者となることを自分自身に媒介する働きであるかぎりにおいてのみ真に現実的であるところの存在である。」（20, 18-18)

ヘーゲルが「生きた実体」というとき、生命体の内部と外部の関係をイメージするとわかりやすい。生物は外界との交渉においてたえず新陳代謝を繰り返しながら自己同一性を維持している。つまり、排泄・呼気などによって自己を環境へと発散させつつ（自己を否定して他なるものとしつつ)、養分摂取・呼吸などによって環境を自己のうちへと取り込む（他者を否定して自己とする)。

すなわち、「主体」とは、①たえまのない自己運動を通じて自己同一を保持し、②世界に内在しており、③所与のものと思われがちなものをたえず形成しなおす働きである。

自己を啓示する「実体」

主体とは「他となる」ものである。すると、主体はもうそれだけで実体の資格を失いかねない。実体とは、「他とならない」で、自分でありつづけるもののことをいうのである。しかし「他とならない」としたら、実体は世界の彼岸に静かに横たわるのみである。真理が自己を展開・啓示する。実体が主体となる。神が自らを現す。――これらはすべて、従来のカテゴリーでいえば、自分だけで成り立つ自立存在（対自存在）が、他にかかわって自己を失った存在（対他存在）になることを意味する。

つまり、自分を現すということは、自分の本来の姿を失うことなのだ。神（対自）が地上に自らを啓示したとき、もはや神ではなくなっている（対他）。すると神の啓示ということが原理的に不可能な行為であることになる。

青年時代のヘーゲルの詩に『月の光《ルナ》を浴びて』というのがある。夜せせらぎを渡って、濡れた身体で岸に着くと、もやを通して月の光が地に降りてきている。やさしい光があたりを満たしている。青年哲学者は微笑しながら自問する。天上の光が地上に降りてきたとき、もはやそれは「天上の光」ではない。ゆえに「天上の光が地に降りる」とはいえないはずである。それなのに「ルナが地に降りてきている」といいうるのは何故か。

答えはこうだ。「不死の神々は大地に身をゆだね、大地とともに生きながら、貧しくも卑しくもなりはしないからだ」（ローゼンクランツ『ヘーゲル伝』中埜肇訳、みすず書房、一九八三年、九四頁、『現代思想』臨時増刊号〔ヘーゲル特集〕、青土社、一九七八年一二月、K. Rosenkranz, G. W. F. Hegels Leben, 1844, S. 84）。つまり、天上のものははじめから「地にまみれても己れを失わない」という本性をもっている。このことを形而上学の言葉でいうと、「自ら他者となりつつ、他者となることを自分自身に媒介する働き」となる。すなわち「実体は主体である」とは、「絶対者は本性的に自己を啓示するものである」といってもよい。

自己意識によってとらえ直されたスピノザ主義

「かつて、神を唯一の実体として規定することが言い出されたとき、この考え方は当時の人々を憤慨させた。その理由は、そうした考え方においては自己意識が保たれず、ただ没却されてしまうだけだということが、本能的に感じとられたからである。……〔これに対して〕実体が本質的に主体であるということは、絶対者を精神として語る考え方のうちに表現されている。」（19, 18-8; 24, 22-3）

神を実体と呼んだのは、スピノザである。「当時の人々を憤慨させた」と書かれているが、「憤慨」という言葉に当てはまるようなものとしては、ピエール・ベール『歴史批評事典 3』(「ピエール・ベール著作集」第五巻、野沢協訳、法政大学出版局、一九八七年、六三八頁)のスピノザの項目が有名である。「呪われたスピノザ」という言葉も流行した。それは、神が世界を超越していて、世界を無から創造したという正統的なキリスト教の超越神の考え方を否定して、神が世界に内在するという内在神の立場をとったからである。

しかし、スピノザ主義はヘーゲルの青年時代や、その周辺の思想家をつかまえた。神を世界の外にではなく、世界の内にとらえているという点こそが、啓蒙主義の批判に耐えることのできる神概念だと思われた。しかし、スピノザの実体は「永遠の相のもとに」ある不動の実体である。

このスピノザの実体が主体としてとらえ直される。神は世界の根底として、世界に内在する実体というにとどまらない。自分を世界に現し、啓示する精神である。スピノザ主義では絶対者はとらえられないという批判(ヤコービ)があった。実体を主体へととらえ返すことによって、この批判を切り返すことができるとヘーゲルは思った。

この神が内在する世界は、自然世界ではない。「人倫」と呼ばれる社会共同体である。共同体の根底にあるものを、いま理念と呼ぶとする。理念が共同体の存在を支える根底となる実体であり、共同体のいわば生命である。個人は共同体に献身する。共同体は、個人に生存を与える。こうした相互関係が自覚的なものに高まって、各個人が国家のうちに自分の本当のあり方を見出す。そのとき、実体は主体と化している。

啓蒙主義による超越神への批判に耐えるためには、神が実体と規定されるスピノザの汎神論の立場に立たざるをえない。しかし、論証という媒介の手法で絶対者はとらえられないというヤコービのスピノザ批判を切り返すためには、その実体が主体だとされなければならない。

実体の具体相

「真なるものは体系としてのみ現実的であるということ、すなわち実体は本質的に主体である……。」（24, 22-3）

「真なるものは全体である。そして全体とは、自分を展開することによって自分を完成してゆく実在にほかならない。絶対的なものについては、それは本質的に結果であり、終わりにおいてはじめて、それが真にあるところのものになる、といわれなければならない。現実的なものであり、主体であり、自己生成であるという、絶対的なものの本性は、まさにこのことにおいて成り立つ。」（21, 19-12）

実体が主体であるということと、真理が体系で実現されるということが、ほとんど同じ意味で考えられていることがわかる。すると実体＝主体論の具体相は、神と国家と哲学体系とであるといえる。

実体の自己啓示とは、彼方の神が上から下へと一方的に降りてくることではない。絶対的なものが自己を現すことが、とりもなおさず、「自然的意識」と呼ばれる私的・日常的意識が普遍者へと高まることなのである。すなわち、普遍的自己意識と呼ばれる共同意識が、国家意識として具体化される。絶対的なものが自ら自分を現す主体性に呼応して、この自然的意識が自力で絶対知と呼ばれる最高の知へと高まる。本当の共同意識をもつことが、理性的な哲学知である「絶対知」の成立とつながっている。

属性である個人が、自分の本当のあり方を国家という実体のうちに見出すということは、個人が自己を普遍化することである。そのことはとりも直さず、国家という実体が主体になることでもある。個人が個人のエゴイズムを脱却し、理性の立場に立つことである。個人が自分を偽って、本当の自分を投げ捨てて、普遍の次元に高まるのではない。反対に、理性の高みにこそ本当の自分があると自覚する。この理性の自覚を確証するものは、哲学である。

国家意識と、宗教意識と、哲学意識が、精神の真なる自己認識に総合される。『精神現象学』の実際の展開過程では、そこにさらに自然認識の要素が入ってきて、とても複雑なコースを意識がたどることになる。しかも、意識は経験の結果、違った意識構造に成長する。最初の意識は「これ、ここ、いま」というような直接的なものに真理があると思い込んでいる「感覚」だが、ここを出発点として「多様な性質をもった一つの物」を認識する段階に進むと、それが「知覚」である。すると知覚という形の意識は、物の内面と外面を使い分けながら統合するという構造にまで成長していることになる。

それが「悟性」なのだが、物の内面こそ真実だと信じ込んでいる悟性は、内面が外化して発散し、外面が内部に収束して一つになるという側面が、本当は一つの過程なのだということを理解するところまで進む。内面と外面を生き生きとした形でとらえる意識の形は、実はもう狭い意味での意識（対象意識）ではなくて「自己意識」である。

ここまでくると、構造的には意識は一人前である。他者経験とか、神経験とか、どのように高次の経験もできるようになる。しかし、根本のところでは、人間精神を形づくっているものは、他者（社会）経験と宗教経験である。社会経験が、内面化される形式が宗教経験である。専制主義的な東洋の文化に、それにふさわしい自然宗教があり、ギリシャの共和制には演劇という形をとった芸術宗教がある。最後にキリスト教という形で、絶対的なものが地上に現れて、消えるという経験が生まれる。現れるという真理と現れを否定するという真理が一つになるところに、絶対知の成立基盤が生まれ出ている。

世界を支配するロゴスに向かって、精神が「これが私の自己だ」と自覚するとき、精神の自己発見の旅は終わる。これに続くのは、ロゴスの純粋な自己展開から始まる学の体系である。

6 反省哲学とその克服――「緒論」の意識論

『精神現象学』では、意識の経験が記述され、意識がさまざまな形態を遍歴して最後に「絶対知」に到達する道行きが描かれる。そのとき、意識は自発的に自分の過去を克服して、新しい形態へと成長しているのだが、どうして意識の経験が最後の絶対的、かつ全体的な真理に近づくことになるのかは、説明を必要とする。

はじめから絶対的な真理を知っている哲学者がいて、その人が手引きしてくれるわけではない。独断と偏見で「これが真理だ」と信じるものに飛びつくのであれば、真理へ到達したと思ったときに虚偽をつかんでいるかもしれない。

意識の経験の内在的な発展によって絶対知に到達するということが説明されないと、ヘーゲルの哲学そのものが独断と偏見を脱却できないことになる。

哲学にとって独断論から脱却することがどれほど困難かを、ヘーゲルはこう語っている。

試金石の試金石の試金石……

「この叙述は、学が現象する知にかかわることのように思われる。また認識の実在性を検査し吟味することのようにも思われる。なにか尺度として根底におかれている前提なしには、この叙述が成り立たないようにみえる。なぜなら、吟味とは採用された尺度をあてがうことであり、吟味されるものと尺度との等・不等が正しいか正しくないかの決着をつけることになるからである。尺度というものは、本質（Wesen）とか即自（Ansich）であると仮定されている。学が尺度であるとすれば、学にも同様の仮定が与えられていることになる。しかし、ここでは学がまだやっとはじめて登場してくるところで、学そのものもその他のものも、本質だとか即自だとかとして正当化されていない。しかし、そういうものなしには、吟味がまったく成り立たないようにみえる。」（70, 58-12）

贋金かどうかを調べようと思ったら、本物と比較しなくてはならない。しかし、本物だといえるためには、試金石がいる。試金石が偽物であるかもしれないので、試金石をためすものが必要になるだろう。こうしてわれわれは無限の系列のなかに陥ってしまう。

真理の場合には、吟味の結果によって真理がわかるのだとしよう。すると、あらかじめ真理がわかっていないと吟味ができない。だから吟味はそもそもできない。これは主観と客観を比較して真理を吟味するという構図をとる哲学にとっては、根本的な難問である。意識のなかに比較される二つのものがあって、それによって、ある段階での吟味（比較）が可能になるという構図は正しいのだろうか。

反省するカメラの置き場所

主観と客観の比較という構図には、もう一つ重大な欠点がある。主観（現象する意識）と客観を比較する主観（反省する意識）との関係がどうなっているかという点である。

いま、現象する主観Aが客観B（建物）をみていて、反省する主観C（カメラ）が、AとBとに等距離の点から両者を観察しているとする。AはBの西の側面をみており、CはBのほぼ南の側面をみている。AのみるBの画像と、CのみるBの画像とは違っていて当然である。だからCがAのみているBの画像と自分でみているBの画像を比較して、真偽を論ずることは不可能なのである。すると吟味が可能であるためには、観察者であるCは観察対象であるAと同じ視点からBをみなくてはならない。するとAのみる画像とCのみる画像は原理的に同一であり、比較するという関係は成立しなくなる。だから、反省哲学の構図で比較が可能だという信念は錯覚なのである。

こういう考え方の拠り所になったのは、ラインホルト（Karl Leonhard Reinhold 1757-1823）の「意識律」である。これは、すべての真理を導き出す根本前提として、当時、話題の中心になっていた哲学の第一原理である。

「意識はあるものから自分を区別するが、同時にそれに関係する。よくある言い方では、あるものが意識にとって（für dasselbe）存在する。この関係、つまり〈あるものが意識に対して存在する〉という側面が知（Wissen）である。ところがわれわれは、この〈他者に対して存在すること〉から即自存在（Ansichsein）を区別する。知へと関係づけられたものは、それと同時に知から区別され、そしてこの知への関係の外でも存在するものとして立てられる。この即自の側面が真理と呼ばれる。」（70, 58-25）

「意識はあるものから自分を区別するが、同時にそれに関係する」という文章が、ラインホルトの意識律の引用なのである。意識は主観であって、あるもの（etwas）は客観である。主観と客観の間には「区別」もあるが、「結合」（関係）もある。これは言い換えて「あるものが意識にとって（für dasselbe）存在する」ともいえる。いわば物の主観のほうを向いた側面といえるかもしれない。「この関係、つまり〈あるものが意識に対して存在する〉という側面が知（Wissen）である」。つまり「あるものの意識にとっての存在」が「知」とされる。

「ところがわれわれは、この〈他者に対して存在すること〉から即自存在（Ansichsein）を区別する」とヘーゲルがいうとき、この「われわれ」がどこにいるのかが問題である。現にいま、物をみている意識が「われわれ」であって、その意識が「あるものの意識にとっての存在」から「同時に知から区別され、そしてこの知への関係の外でも存在するものとして立てられる即自の側面」が区別されたとしても、その側面は意識にはみえていない。だから、この当の意識にはみえない側面が「即自」であることになる。すると、この意識が知と即自を比較することは不可能である。

もしも、この「われわれ」が物を意識している意識を観察している第三者（反省する哲学主体）であるとしよう。その場合には、「即自」は反省主体にはみえているが、当の意識である「現象する意識」にはみえない。そればかりか、反省する主体に現象する主体にとってある存在の側面すなわち知がみえるという保証はない。ここでは「反省主体はどうして現象主体の視点でみられたものの相貌を知っているか」という新しい難問が発生してしまう。

ヘーゲル哲学は、「主観と客観の統一」という意味での真理を追求する営みの一つだが、主観と客観は本当は一致しないという懐疑的な見方もある。カントのように自然認識という場面では、われわれは現象を知ることはできても、物自体（Ding an sich）は認識できないという考え方が有力だった。ヘーゲルはカントのこの見方が、山とそれをみる眼のように、みられるものとみるものという二つのものをまるで外側から観察しているような態度（つまり反省）が生み出した錯覚だとして、その枠組みそのものを否定する。主観と客観の対立という枠組みは、意識のなかの主観的な画像と意識の外部の客観的な実在を比較して観察することのできる第三の主体が存在するかのような錯覚に基づいている。

意識の経験の実情は、山をみる主観の外部に物自体が存在しているというのではなくて、意識が対象に出会うということは、対象の自分にとってのあり方と、自分に抵抗してくるあり方を区別するということなのである。このようにして、ヘーゲルは主観と客観ではなくて、意識内在的な区別と吟味の可能性を確立するという形で、意識の内在領域の自立的な自己否定という形で、意識が自ら吟味し、自らを克服している可能性を構造的に見極めようとした。

しかし、この議論にも重大な難点がある。「意識のなかにあってしかも、意識の外部にもあるもの」というあり方が、一面で主観的、他面で客観的という「一人二役」を演じているので、つまり対象の一側面（即自）に主観と客観の一人二役を演じさせることで、主観と客観の統一を達成しても、そもそも、その即自が本当の意味で客観的存在である保証はないという批判を招くことにもなる。

つまり、ヘーゲルはカント主義のような反省哲学の構図が成り立たないことを見抜いていた。しかし、それに対して代案として出されたヘーゲル自身の意識論の構図が、反省哲学の難点を逃れていたかといえばそうではない。

ヘーゲルの出した代案は次のように述べられる。

心のなかの主観性と客観性

「意識が自分の内部で即自であるとか、真なるものであるとか言明するものに即して、われわれは意識が自分の知を測定するために自分で立てる尺度をもっている。知を概念と呼び、本質もしくは真なるものを存在者もしくは対象と呼ぶとすれば、吟味とは概念が対象に一致するかどうかを眺めることになる。本質ないし対象の即自をもって概念と呼び、〈対象〉という言葉で〈対象としての対象〉すなわち〈他者に対してある対象〉を理解するとすれば、吟味とは対象がその概念に一致するかどうかを眺めることとなる。……概念と対象、対他存在と自ら即自的に存在することという両契機がわれわれの探究する知そのもののうちに属しており、したがっていろんな尺度をわれわれが持ち込んだり、探究に際してわれわれのいろんな思いつきや思想を適用する必要はない。」 (71, 59-11)

ヘーゲルは、反省する主体が現象する意識の外部にいるという想定をすれば、吟味の可能性がなくなってしまうことを明確に意識している。そこで現象する意識そのものの内部に二つの契機が存在して、この内在的な比較によって吟味が可能になるという代案を提示した。また、吟味が可能であるためには、絶対的な真理が試金石としてあらかじめわかっていなくても、相対的な意味で真理であればよいという代案を示した。

この言葉を読めば、意識内での即自存在が本当に客観的な存在という意味をもつかどうかが、ますます疑わしくなってくるだろう。ともあれ、ヘーゲルは、外部から、哲学者が独断的に尺度を持ち込む必要はないような構造を設定した。

「概念と対象、尺度と吟味されるべきものとが意識自身のうちに現にあるという側面からいって、〈われわれ〉のほうから手出しをする必要がないだけではなく、〈われわれ〉は尺度と吟味されるべきものとの両者を比較して本来の吟味を行うという労力をもまぬがれている。したがって意識が自分自身を吟味するのだから、吟味するというこの側面からいっても、〈われわれ〉に残っているのは、ただ純粋に眺めることだけである。」（72, 59-26）

意識中心主義への断念

これに続く論述で、この構造がはっきりと浮かび上がってくるかといえば、必ずしもそうではない。残念なことに、ヘーゲルが『精神現象学』本文の意識の自己形成の過程を叙述するときに、意識が何と何を対比して吟味したのかを語ったのは、最初の感覚的確信の場合だけで、後になると、この「緒論」で示した構造を明示することは、すっかり忘れてしまったようだ。

つまり反省哲学の構図を批判して、内在的な比較という構図に移してみても、その本質的な難点は除去できない。ヘーゲルが、晩年になって『精神現象学』の体系的位置を格下げして、意識の現象を「ただ純粋に眺めること」で絶対知への到達ができるというような見方を撤回してしまうのは、この「緒論」の欠点をヘーゲル自身がよく振り返ってみたからだという推測が成り立つだろう。

第二章　知と対象の関係構造——意識

〈概　観〉

「意識」と総称される「感覚」「知覚」「悟性」を扱う。意識の思い込みを根底から覆すような経験をとおして、知と対象、主観と客観という認識論的な関係構造の変転が描かれる。まず「感覚」は、「いま、ここに、ある」対象を直接的に認識するという思い込みとは裏腹に、それ自体が言語によって媒介された知であることが示される（7）。「知覚」は物を同一のものとして認識しようとするが、物には単一性と多様性の矛盾がはらまれていて、知覚の思い込みは崩壊する（8）。「悟性」は超感覚的な世界を対象にして真理を見出そうとするが、そこには感覚的な現象世界が影を落としている（9）。こうした経験をとおして意識は、観念の世界と実在の世界の統合としての「生命」世界に歩み入る。ここに、意識と対象との二元論という認識の基本構造の枠を越えた「自己意識」の領域が予示される。

7　感覚的確信の弁証法

感覚の思い込み

意識は最初、感覚によって直接体験されることに誤りはなく、しかもそこには最も具体的で豊かな内容が含まれると確信している。ヘーゲルは意識のこのような確信を「感覚的確信」と名づける。感覚的確信は最もプリミティブな意識である。感覚的確信は、対象を直接的に経験する直接知として、対象に何ものも付加することなく、また対象から何ものも取り去ることなく、そのまま対象を受け取る。そうしてこそこの確信は、対象を最も「真なるもの」として経験できると思い込んでいる。

「感覚的確信の内容は具体的である。まさにこの確信はそのまま最も豊かな認識、無限の富をもった認識として現れる。……それればかりかこの確信は、最も真実な認識として現れる。なぜならこの確信は対象から何も取り去ってはおらず、対象をそっくり完全なままに眼前にしているからである。」　(79, 63-9)

意識は感覚によってこそ真理を手に入れることができると思い込んでいる。しかしそのような思い込みとは裏腹に、感覚していることが必ずしも真理であるとは限らない。遠くからは円筒形のようにみえる塔が、近寄ってみれば多角形の塔であったり、水の中に入れた棒を水から出してみれば見えていたより長かったりする。このような視覚上の錯覚にみられるように、感覚は自らを裏切る。こうして感覚的確信は、もろくも瓦解してしまうのである。

確信の逆転

そこで意識は、すべての感覚内容を削ぎ落として最も確実な真理を手に入れようとする。その真理とは、最も端的な「あること（das Sein）」という規定である。しかしこの真理は、当初の感覚的な確信とはまったく逆の最も抽象的なものである。

> 「しかしこの確信は、実際には自分自身を最も抽象的で貧しい真理だと称する。この確信は自分の知っていることについて、ただ『それがある』としかいわない。その真理が含んでいるのは、ただ物が〈あること〉だけである。……物は〈ある〉がゆえにのみ〈ある〉。物が〈ある〉、このことこそが感覚的な知にとって本質的なことであり、このような純粋な〈あること〉、すなわちこのような単純な直接性が物の真理をなしている。」
>
> （79, 63-16）

感覚対象から色とか形といった感覚内容を取り去ってしまえば、後に残るのはただ対象が「ある」という単純な規定だけである。それは感覚されるものではなくて、抽象的な概念である。感覚的確信は、最初の出発点からみると、逆の結果になってしまっている。ヘーゲルはこのように感覚的確信の経験する逆転を、「これ」「いま」「ここ」という指示語をとおして具体的に描いてみせる。

「これ」という指示語の不思議

意識は、感覚をもってすれば、自分が対象をありのままにとらえることができると思っている。そこで意識は対象をそっくりそのままに表現しようとして、眼前の対象を「これ」として指示する。直接指示された「これ」こそ、手つかずの真理であるはずである。しかし意識は、対象を最もありのままに表現したつもりが、実は「これ」という指示語からは対象の感覚内容がすっかり抜け落ちてしまっている。この指示語は、どのような対象についても等しく通用するような抽象でしかない。「これ」という指示語は、まったくの抽象、つまりまったくの無内容である。感覚された対象の具体性や豊かさは、「これ」ではとらえられてはいない。こうして対象は、ありのままに感覚されていないどころか、意識の当初の確信とはまったくの正反対に転じてしまっている。

感覚しているものを眼前にして意識が指示して「これ」というとき、意識は紛れもなく対象の全体をひっくるめてとらえているはずであった。そのとき「これ」という指示語は、感覚によって充実されていたはずである。にもかかわらず感覚的確信が裏切られるのは、どうしてなのだろうか。

ヘーゲルはこのような意識の経験の秘密を、「これ」という語による指示作用のうちにみている。指示するということのうちには、感覚内容と「これ」という指示語の間のズレが伏在している。感覚されているのは、一回きりの個別の内容である。しかし「これ」という指示語は、誰でもが、どこでも、いつでも使えるという普遍的なものである。だから「これ」は、感覚的な個別の内容にはかかわらない空虚さを露呈するのである。

「いま」と「ここ」

ヘーゲルは「これ」という指示語の秘密をさらに明らかにするために、指示対象を時間と空間に分けて、「いま」と「ここ」という指示語について考察している。

「感覚的確信はそれ自身、次のように問わなければならない。『これとは何か』。われわれが〈これ〉をその存在の二重の仕方で、〈いま〉と〈ここ〉としてとらえるとする。するとこの存在が身につけている弁証法が、〈これ〉そのものと同じくらいわかりやすい形をとる。『いまとは何か』という問いに、われわれはたとえば『いまは夜である』と答える。この感覚的確信の真理を吟味するには、簡単な試みをすれば十分である。われわれはこの真理を書きとめる。真理は紙に書かれても失われることはない。またわれわれがその真理を保存しておいても、失われることはない。しかしいま、この昼に、もう一度この書きとめられた真理をじっくりみてみると、この真理は気が抜けたものになってしまっているといわなければならないだろう。」　(81, 64-29)

「いま」という指示語は、書かれてしまえば、もはやその〈いま〉ではなくなっている。「いま」は、それを発語した時点しか意味しないからである。「いま」の意味は、発語時点ということ以外にはありえない。別な言い方をすれば、「いま」はどの瞬間でも指示することができる。「いま」という語によってこの個別の〈いま〉が思念されていても、時が移ればその一回きりの個別性は色あせたものになってしまう。かつて書きとめられた「いま」は、それを読んでいる〈いま〉ではもはやない。だから「いま」という語は、個別的な〈いま〉を指示するように思い込まれながら、実はそのような思念は裏切られてしまっている。

さらにヘーゲルは、「いま」と並べて、「これ」の空間的地点として「ここ」を取り出す。

「『これ』の別の形式、つまり『ここ』の場合も事情は同じである。『ここ』はたとえば〈木〉である。私が振り向くとこの真理は消えて、反対のものに変わっている。『ここ』は〈木〉ではなくて、〈家〉である。『ここ』そのものが消えているわけではない。『ここ』は家や木などが消えても存続してあり、家や木であるのとは没交渉である。こうしてまた『これ』が、媒介された単純さ、すなわち普遍性として示されるのである。」　(82, 65-24)

私がいま「ここ」にみているのは木である。私の感覚にとって、木の存在が真理である。しかし振り向くという視線の方向転換によって、「ここ」は家に転じる。こうして最初の真理である木の存在が消滅して、家の存在という別の真理が生じる。すなわち同じ「ここ」でありながら、別のものが指示されている。こうして次々と指示対象が変転していくが、「ここ」という語は、対象にかかわりなく等しく通用している。つまり「ここ」という語は、それを発語する者が眼前にみている場所というだけの抽象的な地点一般を指示するのである。「いま」と同じように、「ここ」という指示語は個別の存在とは無関係に、どこの存在についても妥当する普遍性をもっている。

感覚は、「いま」「ここ」にある「この」対象を真なるものとしてとらえていると確信していた。しかしこうした指示作用のうちで、感覚は個別の対象ではなく、実はすでに普遍的なものにかかわっているという逆転の弁証法が生じているのである。

個別の〈私〉と普遍の「私」

同様のことは「私」という指示語についてもいえる。

木をみているこの〈私〉と家をみているこの〈私〉は、たしかに感覚している〈私〉であるかぎり、それぞれが別個の〈私〉である。しかし、木をみている私も家をみている私も同じ「私」であって、感覚対象である木や家がたまたま視野から消滅しても、対象をみる「私」は消滅することなく「私」であり続ける。「そこで消滅しないのは、普遍的な私としての私である」(83, 66-22)。このような「私」の持続は、「私」という記号によって保証されている。たしかに私はその都度この〈私〉を思念しているのであるが、しかしこの私が「私」と発語することによって、誰もが普遍的な「私」になるのである。

ヘーゲルが例としてあげているこのような指示語は、B・ラッセルが後に自己中心語(egocentric words) として論じたものである。このような自己中心語はどのような状況でも同じ語として使われながら、その意味は、それの発語されたその都度の状況に依存して決まるとされている。ヘーゲルはこのような指示語の特徴を、その言語的意味の普遍性と発語者の感覚の個別性の関係において論じている、とみることができよう。

感覚の確信と言葉の真理

感覚的な意識は、自分が感覚していることを確実であると思い込み、それを「これ」とか「いま」とか「ここ」というように表現する。しかし意識の確信とは裏腹に、このような言語表現によっては、感覚された対象の個別のあり方は実はとらえられてはいない。感覚的確信の思い込みとは違って、そこにはすでに言語のもつ普遍的な機能、すなわち誰にでも通用する公共的な普遍性が入り込んでいる。感覚の個別性は言語表現の場で、すでに普遍性へと転じているのである。

「われわれは感覚的なものでも普遍的なものとして言表している。われわれがいっているのは次のようなことだ。〈これ〉はすなわち普遍的なこれを意味している。あるいは〈それがある〉は、すなわち存在一般を意味している。われわれはその際、たしかに普遍的なこれや存在一般を思い浮かべているわけではないけれども、しかしわれわれは普遍的なものを言表している。……われわれがここにみるように、言葉はより真なるものである。」

(82, 65-15)

このような逆転をとおして、感覚としての意識は一つの「運動」を経験しているのである。すなわち最初に「このもの」が感覚されるが、この「このもの」はすぐさま否定されて他の「このもの」に取って代わられる。しかし最初の「このもの」は無になっているのではなくて、個別の「このもの」を止揚した「結果」として、すなわち多くの「このもの」を統合する「普遍的なもの」としてふたたびとらえ返される。たとえば、指示された個別の「ここ」は、前後、上下、左右という「多くの〈ここ〉の単一の複合」(86, 68-28) であるというように。

このような認識は、意識の経験を観望する「われわれ」のものであって、感覚的な意識自身のものにはまだなっていない。しかし感覚的な意識はこうした道程を経て、自ら確信していたことがまったく反対のものに転じてしまうという「感覚的確信の弁証法」(86, 68-34)を経験するのである。

ところがこの経験を忘れてあくまでも感覚に固執しようとする意識は、最も確実な存在であるはずの感覚的な物が「空無」に転じてしまうという「絶望」を味わう。感覚が「確信」のうちにとどまろうとすれば、「古代エレウシスの秘儀」(87, 69-21) に従うしかない。その秘儀とは、沈黙のままにひたすらパンを食いブドウ酒を飲むことによって、感覚的な事物の「空しさ」を知るというものである。

こうした感覚的確信の経験を経て、意識は「普遍的なもの」に自らかかわる「知覚」へと進むことになる。

8　知覚と物の矛盾構造

知覚の真理

意識は、物としての対象のうちに「普遍的なもの」を想定するに至っている。ヘーゲルはこのような意識形態を「知覚」と名づける。物を知覚する (wahrnehmen) 意識にとって、対象は真なるもの (das Wahre) であって、意識は対象をただ受け取る (nehmen) だけであると考える。知覚の真理は、感覚的確信におけるように意識の側にあるのではなく、対象の側にあることになる。

知覚される物は、感覚のように対象がその都度変わってしまうということはない。知覚対象には、感覚されているいないにかかわらず、変化しない何か同一のものがあるはずである。知覚対象は「多様な諸性質からなる物」(90, 71-30)、あるいは「多様なものの単一の集合」(91, 72-24)として存在している。このように知覚意識は、その対象に多様な「性質」が含まれていると同時に、それが一つの「物」であると想定する。ヘーゲルはこのような知覚対象のあり方を、たとえば「塩」の結晶を例にして、次のように描いている。

「この塩は単一のここであると同時に多様でもある。塩は白くもあり、また辛くも(auch)あり、立方体の形もしており、ある特定の重さもある等々。このような多様な諸性質はすべて、ある単一のここにあって、こうして多様な諸性質は単一のここを貫通している。」
(91, 72-26)

塩は白くもあり辛くもあり立方体の形をもしている物、というように表現される。このような色とか味とか形とかの感覚諸性質が合わさって、塩という物の存在が知覚され、塩が塩として同定されるというわけである。

物の多様性と単一性

しかし、もともと塩の感覚諸性質は互いに一つに結合しているわけではなくて、それぞれが独立して「没交渉（gleichgültig）」である。たとえば塩の「白さ」という性質は、砂糖の白さと共通してはいても、辛い味や立方体の形と必ずしも結びついているわけではない。塩の諸性質はバラバラに独立していて、それぞれが「自分自身に関係している」にすぎない。それら諸性質は、塩という物において、「も」という媒語によってかろうじて結合しているだけである。

それでは塩の存在は、実体のない単なる感覚諸性質の束にすぎないのだろうか。そこで知覚意識はあえて、感覚諸性質をまとめる物の普遍性を想定する。それぞれに没交渉な感覚諸性質から自由で、それらの多様な諸性質から独立した普遍性が、物の存在を成り立たせているというように。

「ある性質は別の性質を否定する性質であるというように、多様な諸性質が同時に立てられる。諸性質が普遍的なものの単一性のなかで表現されると、これらの諸規定は……自分自身に関係し、相互に没交渉であり、それぞれが独立して他の規定から自由である。しかし自分自身に等しい〔物の〕単一の普遍性そのものは、それのもつ諸規定からはまた区別

されていて、そして自由である。」(90, 72-12)

感覚的確信とは違って、知覚には「普遍的なもの」へのこだわりがある。知覚にとって「も」という媒語は、「諸性質を統合する物性（Dingheit）」(91, 72-36) という意味を帯びている。たしかにそれは、諸性質をかろうじてつなぐだけの媒体ともいえるが、「この媒体はたんなるひとつの〈も〉、つまり〔諸性質に〕没交渉な統一であるだけではなく、一者、つまり排他的な統一でもある」(92, 73-10)。この一者は物として、諸性質からは独立していながら、同時に諸性質をとりまとめるという積極的な役割を担っている。

このような物の多様な諸性質とそれらをとりまとめる一者との関係、端的にいえば〈一〉と〈多〉との関係は、プラトンの対話篇『パルメニデス』でも論じられたように、古くて新しい哲学的問題である。

知覚される物はこうして、多様な諸性質とその中心に想定される単一性の関係として、次のようにまとめられる。物は、①多様な諸性質をつなぐ普遍的な媒体であるが、②積極的に「一者」としてみると、多様な諸性質を否定し排除する存在である。こうして、③物とは、「媒体のうちで〔諸性質の〕数多性へと放射しつつ存立する単一性の点」(92, 73-25) というようにとらえられる。

物の矛盾構造

物は、「真に自己同等なもの」、つまり「一なる存在」であると同時に、それ自身区別された多様な存在でもある。こうして知覚にとって、物は、「その一なる存在がその多様性と矛盾する」(97, 77-21) ことになる。

一方で、物は一つのまとまりをもった単一の存在でなければならない。そうでなければ塩が塩であることの説明がつかない。塩は塩として、他の物にはない固有な存在としての同一性を保持している。物の単一性は「純粋に自分自身に関係すること」としてとらえられる。このような同一性を保持する物の存在は、個々の性質から独立した「純粋本質」としてみられる。

しかしもう一方で、物は多様な存在でもある。塩は白くもあり、辛くもあり、立方体でもあるというように、多様な諸性質をあわせもっている。こうして知覚は、このように物がそもそも単一性と多様性の矛盾した存在であることに気づかされることになるのである。

これまで知覚は、対象である物のうちに真理があると思っていた。物は一者としての統一、つまり「自己同等性」という真理基準を担っている。だからこの基準に合わないことが生じれば、それは知覚する意識のほうの「錯誤 (Täuschung)」ということにならざるをえない。こうして知覚は、物の単一性と多様性の矛盾を回避するために、単一性を物の側に、多様性を知覚の側に割り振る方策をとることになる。

知覚の多様性

そもそも物の諸性質がわれわれの感覚器官によって知覚されるのだとすると、その諸性質は客観の側にではなく、われわれ主観の側に属するのではないかという反省が生じる。いまや知覚はそのような自己反省によって、主観的意識の側で真理を組み立てなおすことになる。知覚される物の諸性質は、物の存在からは区別されて、知覚する意識の側に帰属させられるのである。

「私は最初は〈一なるもの〉としての物を知覚し、この真実の規定のうちに物をしっかりと保持しなければならない。知覚の運動のうちに何かこれと矛盾するものが生じたら、これは私の反省すべきことだと認識しなければならない。……こうしてこの物は実際には、われわれの目にもたらされてのみ白くあり、またわれわれの舌において辛くもあり、われわれの触覚において立方体でもある等々。われわれはこのような諸側面の完全な差異を物から受け取るのではなくて、われわれ自身から受け取る。これらの諸側面は、舌から完全に区別されたわれわれの目などに分散するというようにである。したがってわれわれ自身〔の知覚〕が普遍的な媒体である……。」　(95, 75-29)

塩の白さを感じるのは視覚であり、辛さを感じるのは味覚であり、形を感じるのは触覚であるというように、異なった感覚によって塩の結晶は知覚される。こうして、塩の結晶という一個の物が複数の性質をあわせもつという矛盾の原因が、感覚の多様性に帰せられることになる。すなわち、感覚する意識は異なった器官をもって感覚するからこそ、物は多様な諸性質をもって現れるというわけだ。

塩の性質についての異なった諸感覚が、知覚意識として統合される。さまざまな性質をつなぐ媒体は、塩という「物」ではなくて、われわれの「知覚」なのである。したがってわれわれの意識が、塩という物の同等性（つまり塩が塩であること）を成り立たせることになる。こうして知覚の真理根拠は、物の側から意識の側に移行している。

しかしこのような主観主義は、知覚のもともとの前提、すなわち物にこそ真理があるという前提と完全に食い違っている。その結果、知覚は物の普遍的な存在へと再び押し戻され、堂々めぐりに陥ってしまうのである。

物の同定化作用

このような知覚意識の経験から、物の存在はふたたび次のようにとらえ返される。第一に、物は真なるものである。第二に、物には諸性質が備わっている。第三に、諸性質はそれぞれに独立しながら物の同一性を成り立たせている。こうしてたとえば塩は、白くもあり、辛くもあり、立方体でもあるような普遍的な媒体として存在している。

ある物がその物として同定できるということは、その物が他の物にはない独自の「規定性」を有していることによる。その独自の規定性によって、その物は自立した「一なる存在」であることが確認できる。しかしその物が一なる存在であるためには、その物は「〜ではない」という仕方で他の物を否定して、自らを区別しなければならない。塩が塩であるためには、砂糖などではないという否定を自分自身のなかに含んでいなければならない。こうしてヘーゲルは、ある物が同定されるということのなかに、ある物の同一性が、他在の否定という仕方で他在によって媒介されているという、矛盾した構造をみてとっている。

「〔知覚〕意識にとっての経験の必然性を、……単純な概念に従って次のように手短かにまとめて考察することができよう。すなわち物は独自存在（Fürsichsein）として、あるいはあらゆる他在の絶対的な否定として、それゆえただ自分自身に関係する絶対的な否定として立てられる。しかし自分に関係する否定は、自分自身の止揚であり、言い換えれば自らの本質を他者のうちにもつということである。」（99, 78-24）

このような他在の否定を介した物の同一性は、その物の性質によってくっきりと浮き彫りにされる。すなわち物の同一性は、「〜のかぎり（Insofern）」という限定によって確認される。たとえば塩は、白くて辛くて立方体であるかぎりにおいて塩である。そのように塩を他の物にはない感覚諸規定によって限定することによって、塩はほかでもない塩としてくっきりと同定されるのである。

知覚という意識は、矛盾に巻き込まれるという経験をとおして、物が本来矛盾したものであることを認識するに至っている。物は静的な同一存在などではなく、それ自身が矛盾によって動的であり、自分自身のうちに力を有した存在である。こうして意識は、物のなかに力をみる悟性という新たな段階へと進むのである。

9　悟性と力

力の本質と現象

意識は知覚の経験をとおして、物を多様な性質とそれをまとめる一者として統一的に把握するに至っている。ヘーゲルはここに登場する意識を「悟性（Verstand）」と名づける。これまで対立するようにみえた物の多様性と一者性は、いまや悟性の対象において一つの「統一」をなしている。このような統一的な対象の運動をヘーゲルは、〈力（Kraft）〉という概念を使って解説してみせる。この〈力〉の概念には、ライプニッツのモナド論、さらにはニュートンやカントの力学的自然観が背景にある。

悟性は力の動的な運動を次のように描き出す。

「自立的に立てられた区別はそのまま統一へ、そして区別の統一はそのまま区別の展開へと移行する。そして区別の展開もふたたび〔統一へ〕還元される。このような運動こそ、いわゆる力と呼ばれるものである。そのような力の一方の契機、すなわち自立的な質料をその存在において繰り広げるという契機は、力の外化（Äußerung）である。しかし力は、質料の消失した存在として外化から自分のうちに押し戻された力でもある。すなわちそれが本来の力である。」（*105*, 84-4）

力は本来、物質のうちに潜在していて目にみえない。その力が可視的な質料をとおして外へと現れ出て、目にみえるようになる。この運動がすなわち「外化」といわれる。われわれの目にみえている物質の姿形は、力が表出したものにほかならない。しかしまた力は、可視的な質料から内へと押し戻され、本来の姿となって潜在する。そのように力は、不可視な本質（実体）と可視的な質料（現象）との間を行ったり来たりする。すなわち「内」と「外」を往復運動するのである。

悟性は、このような力の運動を〈実体と現象〉という哲学的概念を使って次のように説明する。力は「実体」としてみた場合、「本質的にそれ自体で独立して存続して」おり、「排除する一者」である。しかし同時に力は、そのような一者でありながら、区別された多様な物質として現象するというわけである。

誘発する力と誘発される力

悟性の課題は、このような力の運動全体をいかに統一的に説明するかにある。力の本質は非物質的でありながら、しかしその現象は物質的である。したがって力の本質は、物質によって誘発されて現象するとも考えられる。力が自分自身を外化するようにみえるのも、潜在する力を物質が外へと「誘発する」からにほかならない。すなわち潜在的な力を顕在化させるのは、質料的な物質のほうだというわけである。さらに物質は、外へ現象した力をふたたび内へと押し戻し、実体へと還帰させる。こうして力の外化と還帰の運動は、力の他者である物質によって引き起こされると考えられるのである。

しかしこのような外化と還帰の運動は、もともとは実体である力そのものに基づくものではなかったのか。もしそうでないなら、そもそも力の実体性は否定されてしまうことになる。そこで悟性は、力から物質的要素を除去しようとする。しかし、現象する力には、物質的な要素が必然的につきまとっている。

「力」という悟性概念は、内なる力と外化する力という二つの側面をあわせもつ一つの全体として想定される。その全体のなかで、外なる物質が内なる力を外へと誘発し、内なる力は誘発されて現象する。こうして力は、「誘発する力」と「誘発される力」という二重の力として考えられる。一方は能動的に誘発し、もう一方は受動的に誘発されるというようにである。悟性はこのように力を二重化する。

しかし両力は、それぞれ独立してあるのではない。なぜなら誘発する力は、他を誘発すべく受動的に誘発されており、また同様に、誘発される力は誘発されるべく他を能動的に誘発しているからである。誘発する力と誘発される力は、このように容易に相互に転換してしまう。こうして互いに反対へ転換する力の運動を、ヘーゲルは「両力の遊戯（Spiel der beiden Kräfte）」（*120*, 95-29）と名づけている。「力」は、もはや何か実体的な一者ではなくて、両力の交替運動によって成り立っているにすぎない。

力の純粋概念

ヘーゲルはこのような力の戯れのうちに、「力」という悟性概念の弁証法をみている。悟性は当初、力を一つの実体としてみていたが、堅固な統一をなしていた力もいまや両力の交替運動に解消するに至っている。力は自存する実体ではなくて、実体性を欠いた概念、すなわち悟性という意識のなかに浮遊する観念になっている。

「力の真理はこうして力の観念であるにすぎない。力の現実性の契機、すなわち力の実体とその運動は支えをなくして、区別のない統一へと解消する。この統一は、もはや自分のうちに押し戻された力ではなくて、……この統一は力の概念としての概念である。こうして力の実現は同時に実在性の喪失である。」（109, 87-28）

「力」はいまや、実在性を削ぎ落とされた純粋な概念として、観念世界に属している。したがって悟性は力を、感覚にとっての個別的な「このもの」とも、知覚にとっての普遍性を帯びた「物」とも違って、現象世界を超えた超感覚的世界にみている。こうして悟性はこのように超感覚的世界を対象にすることで、「物〈現象〉の真なる背後」を見通していると考えるに至る。

感覚的世界と超感覚的世界

悟性にとって真なる対象は、感覚的な「此岸《しがん》（Diesseits）」の世界ではなくて、感覚を超えた「彼岸（Jenseits）」の世界である。悟性には「ようやく現象する世界としての感覚的世界を超えて、いまや真なる世界としての超感覚的世界が開ける」（*111*, 89-6）。感覚的世界、すなわち此岸が生成消滅する仮象の世界であるのに対して、超感覚的世界、すなわち彼岸こそは「永続する」真なる世界とみなされる。感覚的世界の彼岸に超感覚的世界を立てる考え方は、古くはプラトンに、そして近代ではカントに典型的な形で現れた。ヘーゲルがここで直接対決するのは、カントの「二世界論」である。
超感覚的な彼岸と感覚的な此岸は、本質世界と現象世界として二分され、絶対的に対立しているようにみえる。しかしここでヘーゲルが暴露するのは、そもそもこのような二世界論が成り立ちえないということである。超感覚的世界は意識に対して彼岸にとどまっているかぎり、そもそも認識不可能な「空虚」でしかない。意識がその空虚を満たそうとすれば、感覚的世界の現象を超感覚的世界のなかにもち込まざるをえないのである。こうして現象世界を超えているはずの超感覚的世界が、感覚的世界の「現象」に依存していることになる。

「しかし内的なもの、すなわち超感覚的な彼岸は生起しており、彼岸は現象に由来している。こうして現象は彼岸を媒介する作用である。言い換えれば現象こそが彼岸の本質をなし、そして実際に彼岸を充実させるものである。超感覚的なものは、それが真に存在しているかのように想定された感覚的なものであり、知覚されたものである。……こうして超感覚的なものは、現象としての現象である。」（*113*, 90-8）

法則の同語反復

悟性は超感覚的世界に普遍的な法則を立てる。この法則は、生成消滅する現象世界から超越しているはずだ。しかし実のところ、法則自身のうちにその反対の契機、すなわち感覚的世界の現象がすでに含まれている。なぜなら普遍的な法則も、もともとは感覚的世界の現象から導き出されたものだからである。

ヘーゲルは普遍的法則について、たとえばニュートンの万有引力の法則を念頭に置いている。「悟性は多くの諸法則をむしろ一つの法則に収斂させなければならない。たとえば、石が落下する法則と天界が運動する法則が、一つの法則として把握されるようにである」(*115*, 92-7)。こうして力学の普遍的法則が立てられると、それに基づいて地上の運動も天界の運動もおしなべて一つの法則によって説明されることになる。

またヘーゲルは、プラスとマイナスの「電気」の法則によって雷などの自然現象を理解する悟性に、法則と現象の関係をみている。「たとえば稲妻という個別の事実が普遍的なものとして把握され、そしてこの普遍的なものが電気の法則として主張される」(*119*, 95-7)。雷の研究で知られるフランクリンにみられるように、電気の法則が稲妻などの自然現象を説明する原理になる。

このような悟性の説明原理を、ヘーゲルは一種の「同語反復の運動」(*119*, 95-18) であると批判する。すなわち悟性は、一方では電気現象の根拠を問われて「電気力」であると説明するかと思えば、他方で「電気力」は何かと問われて、かくかくのような電気現象であると説明する。しかしこのような説明では、個々の現象と普遍的な法則との間を行ったり来たりするだけであって、結局のところ肝心の普遍的な法則については、なにも説明されてはいないというわけである。

転倒した世界

悟性は超感覚的世界の法則を不変で同一なものと想定していた。しかし法則は、「力」という「同名のもの」でありながら、同一のままにとどまってはいない。なぜなら法則は、生成消滅する現象を自らのうちに含み込んでいるからである。

現象世界はたえず変化し、非同一である。こうした現象世界を映し出して超感覚的世界は、自らの反対である「転倒した世界」(*121*, 96-34) になる。ヘーゲルはちょっと茶化して、「甘いもの」が「酸っぱいもの」に、「黒いもの」が「白いもの」に、「北極」が「南極」にというように、超感覚的世界ではすべての規定が反対のものに転倒する様を描いている。それはまるで湖面に映る風景がもとの像と逆さまにみえるように、超感覚世界にはすべてがそっくりそのまま反転して映し出されるのである。

「最初の超感覚的なもの、すなわち法則の静寂な国、それは知覚された世界のそのままの模像である。法則の国はこの原理によって自らの反対に転倒する。法則はそもそも自ら等しく存続するものであったし、その区別された法則も同様であった。しかしいまやこの両者は、むしろそれ自身の正反対であることが判明する。」(*121*, 96-27)

超感覚的な法則世界と感覚的な現象世界とは二分されているようにみえながら、実際には両者の間に絶対的な区別は存在しない。それどころか、両世界は互いに依存しあい、他を映しあっている。両者は対立しあうようにみえながら、一方が他方へ反転するというように、それぞれの独立性が崩壊している。そこにみられるのは、同一性がその反対の規定を自分自身のなかに含んでおり、対立のなかで統一を保持するという構造である。このような構造こそ、ヘーゲルのいう「自分自身のなかの対立、すなわち矛盾」(*124*, 98-33) である。いまや悟性は、対象を一つの矛盾する存在として認めるに至っている。

生命の源としての矛盾

矛盾は物に生命の息吹を吹き込む力である。こうして自己自身に矛盾する存在は、自らの力で活動する「生命 (Leben)」となる。ヘーゲルはそのような生命のあり方を、自己完結したシステムとして、「無限性」という概念によって説明する。

「このような単一の無限性、あるいは絶対的な概念は、生命という単一の本質、世界の霊魂、普遍的な血液と呼ばれるべきものである。それはおしなべていかなる区別によって濁らされることも、妨げられることもない。むしろそれはあらゆる区別であると同時に、区

別の止揚された存在であり、したがって自己の内で脈動している。」（125, 99-30）

生命はそれ自身のなかに力を備えた生ける統一体である。生命を一個の生命体としてみた場合、それはたえず分裂しながらも個体としての自己同等性を保持している。また類としてみた場合も、諸個体は分かれて他者になりながら、このような分離のうちにあって類としての統一へと還る循環運動をなす。いずれにしても、非同一性と同一性が生命活動のなかにはあり、それは矛盾である。生命あるものはすべて、このような矛盾を内包して流動し、活動し、自らを生気づけて存在している。矛盾こそ生命の源泉と考えるヘーゲル哲学の根本的な発想がここに語られている。

ヘーゲル論理学のキーワードの一つである「矛盾」概念は、「生命」をモデルにしているとみることができる。彼にとって矛盾は、そもそも形式論理で排除される干からびたものではなくて、生き生きとした生命性を帯びている。生命の「統一」は、形式論理でいう同一律の「同一」とはまったく異なって、否定性、つまり「対立」をそのうちに内包している。同一のものは分裂しながら、その分裂を止揚するという「自己止揚の運動」、すなわち「純粋な自己運動の絶対的に絶え間ない活動」（125, 100-29）のうちにある。これこそヘーゲルが生命の本質とした矛盾の運動にほかならない。

自己意識への移行

悟性は最初は物を対象としていた。しかし、いまや他なる物を経験しているのではなく、「実際には自分自身だけを経験している」(127, 102-11) のである。すなわち悟性は生命という対象のなかに、自分自身の姿をみている。こうして意識は、対象意識から「自己意識」に変容する。自己意識では、自分が対象にもなり、対象が自分自身にもなる。自己と他者の間には、区別があって区別がないような自己関係性が成り立っている。自己意識は、他者のなかで自己自身に関係する生命の意識といってもよい。このように、自己意識は生命から生起するのである。

第三章　他者との関係のなかで思索し、生きる自覚的な存在――自己意識

〈概　観〉

近世哲学のコギト、そして初期ドイツ観念論の「意識」は、他者とのかかわりを契機として、「自己意識」としてとらえ返される（10）。他者との関係といっても、承認をめぐる闘いが先行するなかで、支配関係として叙述されるが、この〈主―奴〉関係は労働をとおして逆転する（11）。いかなる境涯であれ、人間は自由を内面で確証できるし、思索をとおして外界を否定もできる（12）。だが、絶対的な主人たる神に近づこうとすることが自己矛盾に陥り、世界との敵対に巻き込まれることを把握したとき、個別性の自己否定が準備される（13）。ストア主義から懐疑主義への歴史やユダヤ教の歴史を背景として、自己意識が、欲し、愛し、働き、思索し、祈るという具体的な姿で展開されるとともに、青年ヘーゲルの思索の余韻も響いて美しく、また大きな影響を与えた章である。

10　意識論を克服する経験が「生」への自覚となる

意識から自己意識への旅

意識の遍歴の旅は、ここで意識の外部の対象を意識する段階から自己意識の領野に達する。それは「真理の故郷の国」（*134*, 103-28）だとされる。振り返ってみるに、近世哲学において、「私・自我」は哲学の原理として際立たされることになった。しかしながら他方で、主観と客観との、心と身体の二元論が残された。ヘーゲルは、近世主観主義が陥ったこの陥穽から哲学を救出して絶対性を回復することを自らの課題としていたのである。

ドイツ観念論は、その「私・自我」をさらに内面化して、意識としてとらえ直すところから始まったといってもいい。カント哲学を基礎づけるとともに、体系的な形式を与えようとしたラインホルトが、哲学知の原理を表現する根本命題に立脚する根元哲学を構想したところに、ドイツ観念論の源流をみることができる。ラインホルトは、「意識において表象は、主観によって、主観と客観から区別され、かつ両者に関連づけられる」という意識律を、普遍妥当的な第一の命題だととらえ、すべての学知の基礎だとみたのである。

自己意識の成り立ち

ラインホルトはカント哲学に対して、理性批判は経験が可能であってこそ成り立つものでありながら、その基礎たる経験が説明されないまま前提されていたと批判した。しかし、そのラインホルト自身のたてた意識律にあって、〈関連するとともに区別する〉という意識の働きは、「自己関連」にほかならないにもかかわらず、「意識の事実」だとして前提されていた。しかも、〈関連するとともに区別する〉という意識の構造を、ラインホルトは、意識の構成要素の併存だとみなしたために、「自己意識」にみられる「自己関連」という動的な構造は明らかにされないままであった。ヘーゲルは自己意識の構造を次のように分析する。

「私は、私を私自身から区別するとともに、無媒介的には、〈この区別されたものが区別されてはいない〉ということが、その区別のさなかで、私にとってある。」(128, 101-34)

自我論をとおして自己意識の構造を基礎づけたフィヒテは、「我＝我」から出発して、演繹的に知の成立を跡づけていた。これに対してヘーゲルは、たとえばスピノザやラインホルト、そしてフィヒテにみられたように、哲学的思索のはじめにあたって、根本命題に立脚する方法を斥けた。「哲学のいわゆる根本命題とか原理は、たとえ真であっても、それがただ根本命題とか原理としてあるにすぎないかぎり、すでにただこれだけの理由で偽でさえある」(23, 21-18)。「実体は本質的に主体である」(24, 22-3) ことを実証しようと、意識の経験の道程を叙述するヘーゲルにとって、「真なるものは全体」(21, 19-12) なのであった。

自己意識とは何か

ヘーゲルの把握した「自己意識」にしてから、ラインホルトやフィヒテへと収斂した近世主観主義における「私・自我」把握とは違う。ヘーゲルにあって自己意識は、体系の原理として前提されてはいない。外的対象についての意識の経験の旅を続けてきた結果として他者と出会い、他者を介して自分をとらえ返すところに成立するのが自己意識である。したがってこの自己意識は、自らのおかれた他者との関係のなかで、生身の主体を自覚しつつも、主観的な反省にとどまらず、客体の媒介を経るところに成立するものだといえよう。しかもこの後も、世界経験を経て、さらなる自己形成を続けるものとして、考えられている。

「〈私〉は関連の内容であるとともに、関連することそのものでもある。〈私〉は他者に対して自分自身であると同時に、この他者を超えて包みもしている (übergreifen) ので、他者といえども〈私〉にとっては自分自身にほかならない。」(*134*, 103-25)

自己意識が対象意識と違う点は、自らを意識しているところに成り立つ主体性の自覚にある。それをとりあえずは反省と言い換えてもいい。「実際のところ自己意識は、感性的世界や知覚された世界の存在からの反省であって、本質的には、他の存在からの還帰である」(*134*, 104-8)。とはいえ、意識の経験が外的な世界の経験であったのに対し、この自己意識では「意識内在的な区別と吟味の可能性を確立するという形で……意識が自ら吟味し、自らを克服している」(本書六七頁)として、経験を自らの内面でとらえ返すことになる。したがって、単なる主観的な反省ではない。自らのうちで区別立てをしつつ媒介するという自己関連において、「〈他の存在〉としての区別は、直接的に止揚されている」(*134*, 104-11)からである。

時に自己意識は、自分のうちにとどまるものではなく、次の小説に描かれてあるように、自分の外にあるものにまで波及して、それをも「自己」としてみることさえある。

「嘔気とはもはや病気でも、一時的な咳込みでもなく、この私自身なのだ。／さて、いましがた、私は公園にいたのである。マロニエの根は、ちょうど私の腰掛けていたベンチの真下の大地に、深くつき刺さっていた。それが根であるということが、私にはもう思い出せなかった。……その塊りは私に恐怖を与えた。それから、私はあの啓示を得たのである。／それが一瞬私の息の根を止めた。この三、四日以前には、〈存在する〉ということがなにを意味するかを、絶対に予感してはいなかった。私は他の人びとと同じだった。

晴着を着て海辺を散歩していた人びとと同様だった。私も彼らのように、『海は緑で〈ある〉、あの空の白い点は鷗で〈ある〉』と言っていた。しかし、それが存在していること、鷗が〈存在する鷗〉であることに気づかなかった。ふだん、存在は隠れている。存在はそこに、私たちの周囲に、また私たちの内部にある。それは〈私たち〉である。」

（サルトル『嘔吐』白井浩司訳、中央公論社、一五三〜一五四ページ）

生命は統体性を回復する主体の境地

マロニエの根だけではない。世界が普遍的な生命に満ちているとみて、対象的な物であっても自らと同じように生きているととらえる思想を、アニミズムという。もちろん、原始的な心性ではあるが、われわれの心の奥底に生きている感受性でもある。

自己意識の章の叙述は、一般的な生命論から始まっているが、ヘーゲルは青年時代の論文でも、「生は結合と非結合との結合である」（『一八〇〇年体系断片』I, S. 422）というように、「生」を媒介として、普遍的な実体と個別的な主体との二元論的な対立を克服する論理の構築を試みたことがある。とはいえ、そこでは、生かされている多様なものを統一している無限な生へと、個々の形態をとっている有限な生が高まる契機は、宗教に見定められていた。もとより「信仰の完成は、人間がそこから生まれ出てきた神性への還帰」（『キリスト教の精神とその運命』I, S. 389）であって、それによって全一性が回復される、とヘーゲルは考えていたからである。

『精神現象学』では、自己発展的に統体性を回復していく主体の境地が「生命」に求められるにしても、より具体的に、「流動性（Flüssigkeit）」を境地とするとされた。

「流動性」とは何か。生命の全一性に立ち返るなら、「本質は、いっさいの区別されたものが止揚されていることとしての無限性」（*136*, 105-14）だとみることができよう。しかしそれでは、無限な実体だけを絶対的な肯定態だとする一方、有限な様態を否定されたものとして大きな懸隔をもってとらえたスピノザ哲学の欠陥は、克服されないままである。有限なものがいかにして絶対的なもののなかで生じるのかという問題に直面した若きシェリングやヘーゲルは、そこにスピノザ主義の難点がある、とみた。

有限な生きている者、個々の人間は、無限な生によって生かされているだけではない。流動的だということが生命あるものの生命現象の証しとされる。たとえば、「自然を消費することによって自らを維持する」（*137*, 106-12）という形で、外界から食物を摂取しなくては、現実に生きていけない。その意味でも、生命は流動的だとされる。個体は自然界や外部の他者との流動的な関係のなかで、「自分が自分だけで存在する所以である他者との対立」（*137*, 106-23）を止揚しているという。

この事態を生命の側からみるならば、「生命の過程は形態の止揚であるのとまったく同時に形態化である」（*138*, 106-36）ということになるし、個体の側からみるならば、「形態化も、分肢することであるとまったく同時に、その止揚でもある」(*138*, 106-37〜107) ということになる。こうしてヘーゲルは、「生命」を普遍的な実体から主体の運動へと転釈する。

「こうした円環行程全体が生命を構成しているのであって、それは、……〈自らを展開し、かつ自らの展開を解消するという、この運動において単純に自らを維持している全体〉なのである。」(*138*, 107-4)

類を自覚した「欲望」としての自己意識

自らを生きていると自覚するにしても、自分だけで生きているのではなく、他者との関係のなかで生きていることを意識することをとおして、自己意識は「共同性」のなかでの存在となる。さしあたり、自己意識が生命として「自己保存」をはかるべく、消費せんとする営みは「欲望」という形で現れる。自らを実現しようとする「欲望」としての自己意識は、その欲望のめざす対象を自分のものにしようとする。欲望が自らの対象を自分のものとすることによって自らの充足を確信するためには、対象が存在しなければならない。「この充足において自己意識は、自らの対象が自立的であることを経験する」(*139*, 107-33)。

欲望の対象が自分の自由にできる物なら、それを手に入れたところで、自らの力を確信することには繫がらない。自己意識の満足は、他者のあり方に依存する。したがって、自己意識が充足して自らを確信する際の、その欲求の対象も、自己意識でなくてはならない。「対象が自己自身に即して否定態でありつつ同時に、その点で自立的であるような場合、それは意識である」(*139*, 108-7)。いまや、〈私が私である〉ことを確信するのは、他者を介してであるということが明らかにされる。「自己意識は、その充足を、他の自己意識においてのみ達成する」(*139*, 108-13)。物ではなく、他人と対処でき、他人に認められてこそ、一人前の意識となる。アウトローの自己意識であろうと、一人前だと人に「承認」されたいのである。

「自己意識は、承認されたものとしてのみ存在する。」 (*141*, 109-9)

ヘーゲルにあって、私が私であるのは、フィヒテにおけるように「自我の自己定立」によるのではない。「ひとつの自己意識がひとつの自己意識に対して存在する。こうしてはじめて自己意識が存在する」(*140*, 108-29)。すなわち、ヘーゲルのいう「われわれ」にしてみれば、自己意識は「精神の概念」が実現される現場となる。これを共同体で生きる自覚の成立とみてよい。「これから先、意識にとって生じるのは、精神とは何かという経験である。この精神という絶対的な実体は、その対立項となる自己意識が、相異なって独立して存在していて、完全に自由であって自立しているなかにあっても、それらの自己意識の統一となっている、すなわち、〈我であるわれわれにして、われわれである我〉なのである」(140, 108-35)。

ところで、当面の「自己意識」の章には、古典古代の人倫的世界からキリスト教の成立へ至る歴史的経緯も背景に透けて見える。つまり、古代ギリシャに近世の主観性を読み込んだヘーゲルの「極端な歴史意識」が、本書の一五七頁以下で明らかにされるが、それと同じように、近世主観主義において原理とされた自己意識が、ヘーゲルの想定する歴史的な文脈にあっては、古代ギリシャにおける主観的な反省に重ね合わせになって叙述されている、とみてよい。だからこそ、『歴史哲学講義』(Vgl. XII, 329) や『哲学史講義』(Vgl. XVIII, 496f. u. 514f.) ではソクラテスによって覚醒されたと語られた主観的な意識が、自己意識の経験を叙述するなかで、対話的関係から、〈主と奴〉を経て〈ストア主義〉へと展開されることになるのである。

11　世界のうちで関係が拓かれるとき——承認をめぐる闘い

自己意識と自己意識との対話的関係

「自己意識にとって、もう一つ別の自己意識が存在する。それは自分の外に出ているが、このことは、二重の意味をもっている。一つには、自己意識は自己自身を失っている、ということである。なぜなら、それは、自らをもう一つの他の実在として見出すからである。第二に、自己意識はそうすることでもう一方の相手を廃棄している。というのは、それは、相手を実在としてみるのではなく、むしろ自己自身を相手のうちに見出すからである。」（*141*, 109-19）

ヘーゲルは、「自己意識が二重になりながら統一を成しているという概念」（*141*, 109-9）に、「自己意識で実現されている無限性」をみる。この精神的な統一を分析することをとおして、「承認」の構造を明らかにしようとする。自己意識が二重になりながら統一を形成するというのは、他者と人間関係を結ぶなかでこそ、自分に対する期待、自分の果たすべき役割、自分のなしうることなどについて、意識されるからである。とはいっても、相手の思うままの自分であることは、自己意識にはできない。かといって、相手に認めてもらおうと、一方的に自己主張するだけでは、なにも承認関係は生まれない。むしろ、「互いに承認しあっているものとして互いに承認しあっている」（*143*, 110-29）ことが必要だという。

自他の合一を感得する卑近な例として、青年ヘーゲルは、愛しあう者たちの生き生きとした合一について、「愛において生命は、自己自身を、生命自身の二重化として、そしてその自己が一つになっているものとして見出す」（「愛」I, S. 246）と語っていた。だが、愛の合一にあっては、個体性への感情は阻害要因だとされたように、個体性を自覚した者たちが承認しあって、対話するような共同関係を結ぶに至るには、「否定」の契機を経ることが求められる。

関係を結ぶ前、そして支配関係の導入

否定が先行するのは、人間関係を結ぶ前に、最初から相互承認が成立すべくもないからである。相手あっての自分であり、相手を介して自分を知ることができるにもかかわらず、自己意識は「あらゆる他者を自分から排除することによって」(*143*, 110-35) アイデンティティを保とうとする。その無媒介的な自己意識にとっては、「自分」しかみえず、他者は「否定的なものという性格を刻印づけられた非本質的な対象」(*143*, 111-1) にすぎない。

このような状態では、両者は自立しているようにみえて、「生きているということに埋没して囚われている意識」(*143*, 111-5) でしかない。それぞれが、自分自身については自分だけで確信していこそすれ、相手によって「自己意識」だと認められていない以上、互いに自らを「自己意識」だとする思い込みは、それぞれ有効なものとなっていないのである。

そうした場面にあって、自らを、自由な「自己意識」だと実証することができるのは、どんな「そこにあるもの」や「生命」にさえもこだわっていないことを示す場合である。いうなれば〈自らの個別的な、自己中心的な生き方へのこだわりを捨てること〉であるが、時には、相手からそうするように迫られることもあろう。

「こうした呈示は、二重の行為である。つまり、相手の行為であるとともに、自己自身による行為でもある。それが相手の行為であるかぎりは、各人は相手の死をめざしていくが、しかし、そうするなかにあって、第二の自己自身による行為もまた現存する。というのも、相手の死をめざすということは、自らにおける自分自身の生命を賭することをも含んでいるからである。」（144, 111-21）

こうして始まる「生命と死を賭した闘い（Kampf auf Leben und Tod）」（144, 111-26）に、ホッブズのいう「万人の万人に対する闘い（bellum omnium contra omnes）」が想起されるかもしれない。ヘーゲル自身、『自然法論文』などでホッブズについて言及してもいた。しかし、ヘーゲルにおける「闘い」でめざされているのは、相手の「自然的な肉体の死」ではなく、あくまで「意識の死」であった。このことは、『イエナ体系構想Ⅰ』で「承認」がフィヒテの影響などもあって導入されたとき、自己実現をめざす個別的な意識の発展運動の一契機としてとらえられていた経緯からしても明らかである。

とはいえ「闘い」が承認に先立つ点で、自由の自己制限を要請したフィヒテの『自然法の基礎』における承認論から大きく異なっていた。『イエナ体系構想Ⅲ』でも、「生と死を賭した闘い」のなかで「自分についての知」がその妥当性を認められるところに「承認」の意義がとらえられていた。ヘーゲルにあって「承認」は、意識を形成する内面的な論理として形成されたとみてよい。

「生命を賭さなかった個人も、なるほど人格(Person)としては承認されもするが、しかし、自立的な自己意識として承認されるという真理を達成しはしなかった」(*144*, 111-34)。だからといって、実際に相手の自然的な生命を奪ってしまうなら、相手によって承認されることなど生じるべくもない。そうした所業をヘーゲルは、「抽象的な否定であって、意識の否定ではない」(*145*, 112-18) と斥《しりぞ》ける。むしろヘーゲルにとっては、「意識というのは、廃棄するにしても、廃棄されたものを保存(aufbewahren)して、保持するのであって、こうして意識は、自らが廃棄されることを生き延びる(überleben)」(*145*, 112-19) ものであった。ヘーゲルにおける「否定」や「死」、つまり「止揚」の意味がここにある。

しかし、生き延び方に違いが出てくる。「自分だけでの存在」を貫きとおした自立的な意識と、自らの生命に執着するあまり、相手の意識に屈服した意識という二つのあり方に分裂する。前者が「主人(Herr)」であり、後者は「生命あるいは他方〔主人〕にとってあることを本質としている非自立的な意識」(*146*, 112-32)、すなわち「奴隷(Knecht)」である。

主と奴の間に承認は成立しない

主人は「自分だけで・対自的に存在する意識」(*146*, 112-34) であるのに対し、奴隷は

「自立的な存在とか物たることとかと一緒にされることを自らの本質としているような意識」(146, 112-37) である。物に縛られている奴隷に対し、「この存在を支配する威力」(146, 113-10) である主人は、物をとおした支配によって奴隷にかかわるとともに、奴隷をとおして、間接的に物にかかわることになる。つまり主人は、自らは物を見限って、奴隷の労働によって享受を得るのである。これに対して奴隷は、物を加工することをとおした「自らの否定作用によって、無化するに至るまでは物を見限ることができない」(146, 113-16)。

主人は、自立できない奴隷によって承認される一方、主人に依存する奴隷は、主人が自分に対して行う自立性の否定を自ら行い、奴隷の境涯を全うする。この関係は、相互承認になってはいない。主人のほうは、奴隷の自立性を否定しはするものの、自己否定は行わず、奴隷のほうも、自分に対して行う否定を相手に対して行わないからである。

主と奴の転換と労働の意義

このように規定された主と奴の関係のなかでは、主人が自らを完成したと思ったその端から、主人にとって明らかになるのは、自らが、奴隷という非本質的な意識の労働に依存している「非自立的な意識」だということである。ここに「自立的な意識の真理は、奴隷の意識である」(147, 114-8) という逆転が明らかになる。逆に奴隷のほうは、意識が自らのうちに内面化することによって、真の自立性を得るという。そのきっかけをヘーゲルは、死という絶対的主人に対する「恐れ（Furcht）」と、自らの全存在についての「不安（Angst）」を、奴隷が抱いたことにみる。

> 「死の恐れを感じるなかで奴隷の意識は、内面的に解消され、おののきは自己自身の内部にゆきわたった。そしてすべてのこだわり（Fix）が心中で震撼せしめられた。しかし、このように純粋で普遍的な運動が生じ、あらゆる存立が絶対的に流動化したことによって、自己意識の単純な本質は絶対的な否定性となり、こうしてこの〔奴隷の〕意識に即して純粋な対自存在・自分だけでの自立存在（Fürsichsein）が生じるのである。」
> （*148*, 114-24）

といっても、恐れを感じておののいているだけでは、自閉的な意識になるだけである。しかし、目的意識を対象へ刻印する「労働を媒介とすることによって、〔奴隷の〕意識は自己自身に行きつく」（*148*, 114-36）。労働を契機として自己意識が対象化されるからである。こうして奴隷の意識は、主人への隷属・奉仕と、死への恐れに続いて、労働という三つの契機を経験する。

　主人にあっての欲望の充足は、対象をただ否定することであって、その充足は、欲望をただ消し去ることでしかなかった。「これに対して、労働は、欲望の抑制であり、消失を引き止めることであって、言い換えるなら労働は形成する」(*149*, 115-3)。そして奴隷の意識は、労働という「形を与える行為」をとおして、自立的な対象に対して否定的にかかわり、その否定的なかかわりが対象を持続する形へと転化する。

「〔労働という〕この否定的な媒語・中間項または形を与える行為は、同時に個別的なもの、言い換えるなら意識の純粋な自分だけでの存在〔対自存在〕であって、これが労働においては、自分の外に出て、存続するという境地に入る。したがって、労働する意識は、こうして、自立的な存在を自己自身として直観するようになる。」(*149*, 115-7)

奴隷の奉仕する意識にあっては、自立性は主人にこそあると思われ、また恐れる意識にあっては、自分自身だけがひとり自閉的に自立しているように思われたのが、逆に、自らこそ自立している意識だ、ということを物づくりをとおして自覚するようになる。「奉仕と服従という訓練がなかったなら、恐れは形ばかりのものにとどまる。……形成(Bilden)がなかったなら、恐れは内に閉じこもって沈黙してしまう」(*149*, 115-28)。しかしいま、奉仕と恐れを経験した意識自身が、労働することをとおして、「自分自身の努力で自分を再発見することによって、わが意(eigner Sinn)を得るのである」(*149*, 115-25)。

なるほど、相互承認は成立しないものの、労働をとおして力関係の逆転が生じるという当面の叙述でヘーゲルは、「自己意識」が依って立つ媒介的な関係の構造を明らかにしたといっていいかもしれない。その意味では、無媒介的な「意識」論の超克ははかられたのであろう。

しかし、意識の自由といえども、いまだ「絶対的な恐れを耐え抜いた」(*150*, 115-35) 成果でないのならば、「自然的意識の中身がすべて動揺したのではないから……わがまま (Eigensinn)」(*150*, 115-39) のままであって、奴隷の境涯にあっても内面に抱く自由にとどまるという。したがって、自己意識が、自らを自由な自己意識として確証する経験の叙述はこの後、「内面の自由」に立脚したストア派や懐疑主義を経て、「絶対的な主人」との葛藤へと移りゆく。

12　自由への覚醒
——ストア主義の内面への逃亡と懐疑主義の否定する自由

自己意識の自由とストア主義

奴隷の境涯から哲学者として身を起こしたストア派のエピクテトスでなくても、どのような境遇にあろうと、「考える」さなかにあって意識は自由である。「自己意識のこうした自由が、精神の歴史のなかで意識された現象として登場したときには、ストア主義と呼ばれていたことは、周知のことである」(*152*, 117-19)。

われわれの身のまわりでも、時によそのことに関してであろうと、すべて自分に関係あることとして理解するような向きもみられることがある。度が過ぎると、世間では自意識過剰といわれもする。しかし、自己意識とは、本来、自らにとって対象的なものも自らのものとして包括するところに成り立つ。

「対象的な実在が意識に対してあるにせよ、意識の〈自立した自覚的な存在（Fürsichsein）〉の意味をもっているようにこの実在に対処する場合、これが思惟するということである」（*151f.*, 116-28）。一冊の書物があって、これは書誌学的にも、社会学的にも、経済学的にも、いや工学的にも説明ができよう。しかし、哲学にあって自己意識は、私にとってその書物はいかに把握されたかを問題とする、といってよいかもしれない。「思惟にとって対象が概念のうちで運動するというのは……、意識から区別される即自存在であろうと、直ちに意識にとっては、意識から区別されたものではないような即自存在という形を対象がとるという意味である」（*152*, 116-30）。だが、この「思惟する意識一般」（*153*, 117-13）の境地に立つストア派の思索は、あまりに自らのうちに閉じこもるものであった。

「ストア主義の原理は、意識が思惟する実在（Wesen）だということ、そして、なんらかのものが意識に対して本質だったり、意識に対して真にして善であったりしても、それはただ、意識が、そのものとの関係のなかで、思惟する実在として対処するときに限られ

る、ということである。」 (*152*, 117-21)

王座の上にあっても、鉄鎖に縛られていても、自らのうちで、ただ思惟するなかで自己同一を保とうとする具体性を欠いた自由にこそ、ストア主義の境地があったといえる。徳を求めるだけで、それ以外の面では不幸であっても幸福だと感じる（ディオゲネス・ラエルティオス『ギリシア哲学者列伝』中、加来彰俊訳、岩波文庫、三〇四頁）ようなストア派にあっては、「欲望や労働が働きかけていく対象である生活」(*152*, 117-24) は、いわば善悪無記の「どうでもよいもの (adi-aphora)」になる。

「思想のうちでの自由は、純然たる思想を自分の真理としてもっているだけで、しかもこの自由は、生きることの充実を欠いているので、自由だといっても自由の概念でしかなく、生き生きとした自由そのものではない。……これに対して、個人は行動するものとして、自分を生き生きと示すべきであっただろうし、思惟するものとしては、生き生きとした世界を思想の体系として把握すべきであっただろう。」 (*153-154*, 118-13)

ストア主義では、「脱生活の態度をとって……活動からも受苦からも退いて、思想の単純な実在性へと引きこもる」(*153*, 117-37) アパテイア (apatheia) に、理想の賢者の境地が求められた。

だが、こうした態度をとるかぎり、意識は「他のあり方」に対する否定も肯定も完遂しないまま、〈内に逃げ込んだ〉だけにすぎない。これに対して、外的なものに対する否定を徹底することをとおして、思想の自由を実際に経験する意識として登場するのが懐疑主義である。

懐疑主義は相対性を剔抉して、二律背反を構成する

懐疑主義においては、いかなるものも、意識にとっては〈全面的に非実在的であって非自立的だ〉ということが、トロポイによって証される。ストア主義では実現できなかった「諸事物の自立性」に対する否定作用は、この懐疑主義で実現されるのである。

それだけではない。「感覚的確信や知覚そして悟性がそうであった弁証法的運動を、懐疑主義は指摘するとともに、支配と奉仕の関係において妥当するものが非実在的であることをも、また限定された思索である抽象的な思索そのものだとみなされるものが非実在的であることをも指摘する」(*155*, 119-27)。すなわち、懐疑主義は、トロポイをとおして、認識主観の相対性や客観的だと認識されるものの相対性を、そして対象と自己意識の関係が相対的であることを指摘して、その認識の確実性を否定して、判断停止に追い込んだのである。

「消してしまうといっても、対象的なものそのものだけではない。対象的なものに対する自分の態度、つまり対象的なものが対象的なものだと通用するような態度や、対象的なものが主張されるような態度も、消してしまうのである。……こうした自覚的な否定態によって、自己意識は自分の自由の確信を、自ら自覚的に創出して、自由を確信するという経験を生み出して、それによって自由の確信を真理にまで高めるわけである。」(156, 120-3)

懐疑主義が判断停止（epoche）をとおして、「自己自身を思惟するアタラクシア（ataraxia）、すなわち自己自身の変転しない真実の確信」(156, 120-18) を得ようとしたというのは、哲学史的に周知の事実である。

だが、懐疑主義は、自ら否定作用を行うなかで得る確信が「自分の生成を背後にもっているような成果」(156, 120-20) として存立することを自覚していない、つまり「規定的否定」の論理を知らない。その結果、いっさいのものの確実性を全面的に否定しようとする。すなわち「絶対的な消失を言明する」(157, 121-8)。ところが、すべてが不確実だと言明する自らの確実性を主張するのであるから、「この意識のすることと言うこととは、いつも矛盾しあっている」(157, 121-12)。もとより懐疑する意識は、〈あらゆる命題に対して同等の命題を対置する〉というように、自分で二律背反を構成する意識でもあった。

「もし、〈等しいこと〉が意識に指摘されるなら、この意識は〈等しくないこと〉を指摘する。そしていましがた言表されたこの〈等しくないこと〉が、今度はその意識に咎められると、この意識は、翻って〈等しいこと〉を指摘することに移る。本当に、この意識のお喋りは、他方がBと言うときには一方はAと言う、また他方がAと言うならば、今度はBと言うように、自己自身との矛盾に陥ることによって、相互間の矛盾のうちにとどまる喜びを購うような、悪ガキどもの口論である。」　（*158*, 121-17）

ヘーゲルは、一八〇二年に「懐疑主義と哲学との関係」という論文を発表していた。体系期になっても参照指示がなされる最も初期の論文である。

そこでは、懐疑があらゆるものを疑わしいと説く場合、それ自身をも包含して廃棄する自己否定作用をもつことを明らかにしたアルケシラオスが重要視された。これに対し『精神現象学』では、懐疑主義は「自分が二重であって矛盾するにすぎない実在としての意識」（*158*, 121-38）だとされる。「懐疑主義論文」では、「理性的否定」という「弁証法的否定」の論理の構築を、懐疑主義から援用する形で試みていたのに対し、『精神現象学』ではさらに意識の経験が続くからである。ストア派から懐疑主義を経たここでは、古典古代からキリスト教社会へと移ろうとする時期を背景としつつ、分裂に苛まれる「不幸な意識」が設定されるのである。

「不幸な、自己内分裂した意識は、……一方の意識においていつも他方の意識をもたざるをえず、したがって、勝利を得て統一の安らぎに達したと思ったそのときでも、どちらからもまたしても、その外に追い出されなくてはならない。」

(158, 122-1)

13　神に近づくことが神に背くことになる不幸な意識

絶対的矛盾のなかの不幸な意識

自己意識は、自分自身のうちで、意識する自己意識と意識された自己意識との二重構造をもつ。この二重構造は、自己意識の段階ではまだ統一されていず、「自らのうちにおいて分裂した意識」(158, 122-1)のままで現出する。意識が精神へと生成する途上での、この分裂を自覚した「不幸な意識」にヘーゲルは、歴史的な背景を立てる。

似たような意識形態について、すでにヘーゲルは、『キリスト教の精神とその運命』でユダヤ民族の父祖、アブラハムを、自然や世界と敵対するなかで、裁きという形で現れる超越神との「限りない分離」のうちに生きていた「地上の異邦人(ein Fremdling auf Erden)」(I, 278)として描いていた。だが、意識が不幸であるのは、分裂しているがゆえのことだけではない。自らと神的なものとの関連をその国民のために犠牲に供するか、それとも国民の運命を突き放して自らの本性を自分のうちで維持するか（Vgl. I, 399f.）という内的な分裂に瀕した姿で描かれたイエスこそ、まさしく不幸な意識を抱いていた具体像といえよう。

「不幸な意識は、最初にはただ、〔分裂した意識〕両者の直接的な統一でしかない。しかし、この意識にとっては、両者は同一であるどころか対立しあっているのであるからして、不幸な意識にとっては、一方の意識、つまり単純で不動の意識が本質として存在する。これに対して、もう一方の意識、多様で移ろいやすい意識は非本質的な意識として存在する。二つの意識は、不幸な意識にとっては相互に疎遠な実在である。こうした矛盾を意識しているので、不幸な意識そのものは、自ら移ろいやすい意識の側について、自分を非本質的なものだとする。ところが、不動性とか単純な実在とかを意識しているので、同時に不幸な意識は、自らを非本質的なものから解き放つことに向かわざるをえない。」

（159, 122-12）

もちろん、宗教にあっては、神との懸隔を意識すればこそ信仰が抱かれることになる。しかも絶対的な超越神にすがり、地上に支配関係を導入するなら、世界との敵対関係をも固定化することに繋がろう。不幸な意識は、旧約的世界が叙述の下敷きにされている。ところが同じような意識形態は、近世の、しかも同時代の思想においてもみられたのである。

「生活、つまり自分が〈あること〉を、そして〈行い〉を意識すると、それはただ、この〈あること〉や〈行い〉についての痛み（Schmerz）でしかない。というのも、生活にあってその意識は、自分の反対のものを本質だと、そして自分が無に等しいものだと意識するだけだからである。意識はここから不動のものへと高揚するが、しかしこの高揚自体が、この不幸な意識なのである。」（159, 122-33）

『信と知』（一八〇二年）では、有限な意識に立脚する哲学を構想したために、絶対的なものが彼岸に措定されてしまったとして、ヤコービやフィヒテなどの哲学が批判された。だが、絶対的なものを仰ぎみながら、その絶対的なものと痛ましいまでに隔絶しているという意識こそ不幸の所以であり、主観主義の基底なのである。

主観主義は、自らのうちに見定めた本質を、いわば神と同じように絶対化して、対象化している。ところがその本質は、絶対的なものである以上、自己の彼岸にあることになる。自らを絶対化した結果が、自らの本質に辿り着こうにも、果てしない努力をもってしても無限の彼方にあることになる。ある意味で自らを神に見立てた結果が、果てしない自己喪失にまみえることにもなる。こうした主観主義批判の論理は、ヤコービがフィヒテに、先鋭的な形で突きつけたものであった。

三位一体論に重なるもの

個別と普遍、移ろう意識と不動の意識の統一は、受肉した神キリストにおいて実現される。「こうした運動において不幸な意識が経験するのは、このように個別性の出現してくるのが不動なものにおいてであり、また不動なものの出現してくるのが個別性においてであるということにほかならない」(*160*, 123-5)。

三位一体論を例にとって、不幸な意識の運動が説明される。「第一の不動なもの〔父〕は、意識にとっては、個別性を裁く疎遠な本質でしかないが、第二の不動なもの〔子〕は、意識自身と同じように個別性の形態を具えているので、第三に意識〔精霊〕は精神となって、この精神のうちに自己自身を見出す喜びを得る」(*160*, 123-18)。この三段階の論理に、ヘーゲルはキリスト教の歴史をも重ねみる。

たとえば、ユダヤ教から原始キリスト教、そしてキリスト教団へという三形態である。ところが、「自らの個別性が普遍的なものと宥和されていることが自覚される」という第三形態、「普遍的な意識が個別的な意識と一であるという契機」(*161*, 123-29)についての考察は、「〈われわれ〉に属しているがゆえに、ここでは時期尚早である」(*161*, 123-31)として、キリスト教の内部で定位されるのではなく、哲学に委ねられているのである。したがって、キリスト教にあっては、不動者が形態を得ても宥和は実現されず、彼岸性が残るという。

そのため、三位一体論といっても、キリスト教に内在する論理というよりも、自らを知るためには、自らを断念したうえで、無限の彼方の本質を仰ぎ見ることを通してしか自らを知ることができないイエスの運命に、主観主義の運命が重ね合わされているといえよう。

振り返れば、イエナ大学での『自然法講義草稿』からすでに、キリスト教にまつわる対立を哲学が廃絶するという構図が知られる。なるほど不幸な意識は、「個別性を度外視するストア主義の抽象的な思惟」と、懐疑論における「没意識的な矛盾とその休みなき運動としての個別性」を超えるものであったが、「意識の個別性が純粋な思惟そのものと宥和されていることを自覚している思惟」(*163*, 125-8) にまでは高まっていなかったのである。

歴史と論理に重ね合わされた不幸な意識

不幸な意識は、「純粋意識」と呼ばれる形態、つまり神への「思慕 (Andacht)」(*163*, 125-26) であり、「純粋な心情の内面的な運動」(*163*, 125-31) であり、「無限な憧憬 (Sehnsucht)」(*163*, 125-33) でもあるという。十字軍にみられるような、中世的な宗教心も意味されているとともに、ヤコービやシュライエルマッハーらのロマン主義的な信仰観さえもあわせとらえられている。しかし、このような信仰にあっては、本質が到達しえない彼岸に想定されている以上、対象は「直接的な感性的確信の対象」(*164*, 126-13) でしかないことになり、自らは分離されていることを知るだけで、「自らのうちに跳ね返されてしまう」(*164*, 126-3)。

現実は、一面では「それ自体で虚無的である」(*165*, 127-6) と思う意識にせよ、他面、現実の対象に向かって、自分のものにするべく無にせんと〈働きかける〉労働をとおして、現実こそ「不動なものの形態」(*165*, 127-9) であることを確証する。まさに「天の賜物」を受け取ることのできる「現実は、他方で神聖なものとされた世界でもある」(*165*, 127-8)。不動なものが自らをもパンやブドウ酒という形で犠牲に供する一方で、欲望し労働する個別的な意識は感謝を捧げる、という相互の関係が成り立つなかで、相互承認が成り立つかにみえる。しかし、実際に労働の成果を享受することで自己満足が残り、また、感謝するなかで、自分こそ「犠牲」を払ったという功徳を意識する主観的な「偽善」が残ることから、実際には、個別的な意識による自らの個別性、主観性の自己否定が必要になる。

> 「自分自身の決意を断念するというこの契機によって、それから所有と享受とを断念する契機によって、そして結局は、理解できない業を営むという積極的な契機によって、非本質的な意識は、……本当に、自分の〈私〉を外化して、自分の直接的な自己意識を物にして、対象的な存在にした、という確信を得る。」 (*169f.*, 130-25)

ここに意識の不幸は止む。信仰する意識は、教会から、あるいは神の思し召しとして「赦免（Ablassen）」を得るという形で、個別性を断念することによって、有限性を脱する。この場合、「疎遠（fremd）な決定に従うのであるから、行動や意志の面からいえば、もはや意識自身の行為ではなくなっている」（169, 130-14）がゆえに、個別的な意識において普遍的な意志が実現されるという。こうして真理を確信した自己意識の〈叙述〉は、自己否定の論理を経て、古代からキリスト教社会へという歴史に重ねられて、理性へと超出するのだが、自己意識〈そのもの〉は、承認されて安らぎを得ることがないままに、自己否定の淵を理性へと渡ってゆくのである。

第四章　世界を自己とみなす自己意識(1)——観察する理性

〈概　観〉

「理性」というよりは「分別と無分別の弁証法」とでもいいたい部分である。自分こそは世界だという自負が打ち砕かれて、現実のほうにこそ理性があることを知るというパターンが、ほぼ一貫している。理性は世界に自己を発見しようとする。ここに「世界＝自己」という観念論が登場してくる(14)。理性にとっては、自然（無機物であれ、有機体であれ）も自己であるばかりでなく(15)、心身（人相や骨相）もまた自己である。皮肉なことに、観念論はこのように「自己＝物」という唯物論に帰着する。ところが（マクベスの魔女の呪文さながらに）「観念論は唯物論で、唯物論は観念論」。この唯物論は真の観念論（絶対知）への転換点をなす(16)。

14　世界のなかに「自己」を見出す観念論

「自己意識」から「理性」へ——「自己」の成熟

「意識の経験」が「自己意識」による経験から「理性」による経験へと移ると様相が一変す

る。そこには、世界（自然、他者）の否定から肯定へ、内面への沈潜から外界の観察へ、彼岸への憧憬から此岸の享受へ、といった転換がみられる。「自己意識」は世界をひたすら否定することによって、自らの自立・自由を確認しようとした。これは「意識の経験」のいわば青春時代である。それに対して、世界の豊かさを受けとめ、そこに「自己」をみて、「自己」を実現しようとする「理性」は、いわば「自己」の成熟の端緒にある。

世界は自己である――「理性の確信」としての「観念論」

「理性」にとっては、世界はもはや単に否定すべき他者ではなく、そのうちに自己を見出すべき他者、そこに自己を実現すべき他者となっている。つまり、「理性」にとっては、世界は自己にほかならないのである。〈世界は自己である〉――このようなテーゼに収斂できる「理性」の根本的な態度は、「理性とはあらゆる実在である〔そこにすべてがある〕」と称する「意識の確信」すなわち「観念論」の登場によって可能となる（*176*, 133-6）。

ここでヘーゲルが「観念論」として念頭に置いているのは、フィヒテの自我哲学とシェリングの同一哲学である。前者では、「自我は自我である」という自我の同一原理が根本原理となっており、後者では、「主観」と「客観」との無差別という理性の同一原理が根本原理となっていた。「私が理性を絶対理性と呼ぶのは、理性が主観と客観との総体的無差別であるかぎりでのことである」(SW, hg. v. K. F. A. Schelling, IV, 114)。「理性の外にはなにもなく、理性の内にすべてがある」(*ibid.*, 115)。

先に引用したヘーゲルによる「あらゆる実在であるという意識の確信」という「観念論」の定式化は、シェリングの『わが哲学体系の叙述』(一八〇一年) 第二節の「理性の内にすべてがある」という同一哲学の根本原理を舌足らずに表現したものであろう。

批判哲学における「理性」

ふつう理性は、「人間は理性的動物である」といわれるように、人間と動物とを分かつメルクマールをなすものであって、近代の哲学者たちも皆そのようなものとして理性を規定している (デカルト『方法叙説』、ライプニッツ『人間知性新論』ほか)。この場合の理性は、感性に対する対立概念であって、後者における知覚の能力に対する思考・判断と推理の能力を意味する。

カントも一般の用法がこのようなものであることを認め、後者が低次の認識能力であるのに対し、前者は高次の認識能力であるとしながらも (『純粋理性批判』B 863)、この広義の理性を彼は悟性と理性に分け、狭義の理性としてのこの理性を、対象の多様を受容するとみなす感性およびそれに判断・思考の枠組み (カテゴリー) を与えるとみなす悟性に対して、感性認識に直接かかわらずに悟性認識のみにかかわって、それに統一を与える理念的能力

（同 B 359ff.）と規定する。ここで、理性は最高の認識能力の位置にありながら、直接、感性認識にかかわらないものとして制限を受けることになる。

悟性認識に統一を与える際、導き手となる諸理念（神の理念など）は、カントにあっては、感性認識とは切れたものとして実在的なものではなく、仮象としての目安にとどまっている。つまり、理性が理念を実在的なものとみなす思弁は理性を妄想と化す、悟性も経験を超える理性の領域に踏み込んではならない、すなわち理性は理性としての、悟性は悟性としてのそれぞれの分をわきまえよ、というわけである。これが、カントの認識批判、形而上学批判の要諦であった。

自我哲学と同一哲学における「理性」

ドイツ観念論の思想運動は、この批判に対する反批判もしくは批判哲学登場後における形而上学再建の運動にほかならなかった。

「悟性は経験を踏み越えてはならない、さもないと認識能力は妄想だけを生み出す理論理性になるという、カント哲学の公教的教説は、学問の側から思弁的思惟の断念を正当化したものであった。このポピュラーな教えを当今の教育学は喚声をあげて歓迎し、直接的要求に眼を向ける時代の要求もこれを歓迎した。……学問と常識とが知らず知らずに手助けしあって形而上学を没落させたために、形而上学を欠いた教養ある民族を眼にするという奇妙な光景が出現したようにみえた。それはちょうど多彩に装飾を施されながら聖域を欠いた寺院のようなものである。」　(V, S. 13-14)

ヘーゲルは後年、『論理学』の「序文」(一八一二年)で、カント哲学の影響をこのように綴っている。このような事態に抗して登場したのが、上に記したフィヒテの自我哲学とシェリングの同一哲学であった。

両者はいずれも、カント的制限を踏み越えて、理性に禁じられた「思弁的思惟」を遂行し、「聖域」を取り戻そうとする試みにほかならなかったが、ヘーゲルには、「世界＝自己」という「理性」の肝心の洞察を両者が「観念論」の根本原理としながらも、これをただ「確信」し「断言」するにすぎず、その由来・根拠を提示していないように思われた。これでは、批判哲学による認識批判の刃に耐えるに十分ではない。

ヘーゲルの『精神現象学』は、批判哲学の認識批判のモチーフを引き継ぎつつ(「意識の経験の学」)、単なる「確信」「断言」に終始する自我哲学と同一哲学の「観念論」を「真理」に高め、ひいては「絶対知」(彼固有の絶対的観念論)という最高の境地、「聖域」にまで意識を昇りつめさせるものである。

『精神現象学』における「理性」

すでに述べたとおり（本書の序章第1節）、『精神現象学』には二重の目次が付されていた。「理性」の章はこの二重性が最も複雑に絡む箇所である。ヘーゲルが「意識の経験の学」を構想した当初のプランでは、「理性」の章でこの学は終了するはずであった。したがって、この学の最終到達地点、意識経験の最高地である「絶対知」に関する叙述は「理性」の章の最後に配されるはずであった。

ところが、この章を彼が書き綴るうち、構想がふくらんで「精神」と「宗教」の章が書き加えられた。その結果、テキスト本文ではローマ数字が付されて「V 理性の確信と真理」「VI 精神」「VII 宗教」「VIII 絶対知」と順次同列に並んでいるのに対して、目次のページではアルファベットによる分類が施され、これら四つの章はすべて「(C) 理性」の項目に収められることになった。これは、「理性」の箇所がそれに先立つ「(A) 意識」「(B) 自己意識」を前段階とする最後の段階に位置づけられたことを意味する。

すなわち、ヘーゲルの『精神現象学』における「理性」は、シェリングの同一哲学のように、「ピストルから発射されたかのように」(26, 24-10) 突然飛び出すのではなく、「I 感覚的確信」「II 知覚」「III 力と悟性」（以上、「(A) 意識」）「IV 自己確信の真理」（以上、「(B) 自己意識」）という「意識の経験」を積み重ねた後にはじめて登場する。『精神現象学』の叙述がめざすところは、「直接、絶対知から始める」「感激」ではなく、あくまでも

「〈知〉の生成」なのである(*ibid.*)。

自己意識は存在である——「自己意識と存在の統一」としての「カテゴリー」

『精神現象学』ではヘーゲルは、カント説をも「観念論」の名のもとに含ませて議論するが、それは、この説が「純粋」という制限つきながら、「理性」を標榜していたからである。この「純粋理性」の「観念論」は「統覚の統一のみが知の真理である」(*181*, 136-35)という正しい「観念論」を主張しながら、この正しい主張に、それと正反対のもう一つの主張、「物自体」こそが実在であるという主張を対置して、結局矛盾に陥っている。

「この理性〈純粋理性〉は〈統覚の統一〉と同時に〈物〉という二重のもの、正反対のものを実在だと主張する矛盾に陥っている。この〈物〉は、たとえ『異質の衝撃』と呼ばれようが……『物自体』と呼ばれようが、考え方としては同じであって、かの統一にとっては依然として異質のものである。」(*181*, 137-3ff.)

ここではヘーゲルは、フィヒテ知識学の「衝撃」という考えもカントの場合と同様の矛盾とみなしている。

「この観念論の理性は異質な衝撃を必要とする。衝撃のうちにこそ感覚もしくは表象の〈多様性〉があるからである。したがって、この観念論は……その矛盾した思想を総合しないままに右往左往して悪無限すなわち感覚的無限に陥っている。」　（*181*, 136-22ff.）

ヘーゲルにとっては、シェリングの場合同様、なんらかの統一のために外から与えられる多様を必要としない。「統覚」の理性的統一機能であれ、「カテゴリー」の悟性的統一機能であれ、それらをヘーゲルは等しく外的多様を必要としない理性的統一そのものとみなす。彼にあっては、「自己意識と存在とは同じもの」と考えられていた（*178*, 134-27）。

カントにおいては感性の多様に規則的統一を与えるものとして悟性の能力にすぎなかった「カテゴリー」を「自己意識＝存在」という「理性」の能力に昇格させる。この昇格にあたって、ヘーゲルは、一方で「カテゴリー」の数多性をただ「断言」するだけの「観念論」（シェリング）に対して苦言を呈して、「ここでは〈直接性〉〈断言〉〈発見〉は捨てられて、〈概念的把握〉が始まっている」といい、他方でこの数多性を判断表から引き出す「カテゴリー」の導出（カント）を揶揄して、それは「学問を侮辱するものとみなさねばならない」といっている（*179*, 135-12）。ヘーゲル的「理性」は「カテゴリー」の数多性、区別を自分の内にもっているのである。

「このカテゴリー、言い換えると自己意識と存在の単純な統一は、それ自体、区別をもっている。というのも、カテゴリーの本質は、他在、絶対的区別において直ちに自己自身に等しいということにほかならないからである。」(178, 134-31ff.)

イエナ時代の自然哲学・道徳哲学・社会哲学としての「理性」の章

「理性」の章は非常に長大であり、最長の「精神」の章の長さに近く、両者を合わせると『精神現象学』全体の長さの半分以上にもなる。それは三つの部に分かれ、それぞれ「A 観察する理性」「B 理性的自己意識の自己自身による実現」「C 絶対的に自己が実在であると確信している個人」と題されている。この章では、これらの表題のもとに、ヘーゲルの自然哲学と道徳哲学と社会哲学が詳細に叙述される。

この章には、彼のこれら三領域におけるイエナ時代の研究成果がふんだんに盛り込まれている。イエナ時代のとくに後半(一八〇三~〇六年)は、彼独自の体系の構築を模索した時期でもあり、この時期の最後を飾る『精神現象学』にはその体系構想が影を落としてもいる。そこでは自然哲学と精神哲学がその二大柱であり、その前提として論理学や形而上学が置かれる。ここから、この時期すでに、ヘーゲルが後年の『エンチクロペディー』のそれを予想させるストア派風の体系構成に向かいつつあったことが窺えるが、形而上学の内部には「魂」「世界」「最高実在」というウォルフ学派風の体系構成と同時に、「理論的自我もしくは意識」「実践的自我」「絶対精神」というフィヒテ風の体系構成をも抱え込んでいた（*JS II*, 1804/05）*。

イエナ後期のこのような体系構成が、当初、ヘーゲルに「理性」の章で『精神現象学』を終了させるプランを抱かせるもとになったように思われる。だが実際には、絶対知に関する叙述は最後の独立の章に委ねられた。もっとも、それでもなお「理性」の章には、世界を対象とする理論哲学（より端的には自然哲学）、および魂を対象とする実践哲学（より端的には道徳哲学）の後、最後に両者の統一がくるという枠組みは残されている。ただし、叙述は「哲学体系」におけるそれを離れて、『精神現象学』に固有の「意識の経験の学」という仕方に変わっている。それに応じて当然、叙述内容にも変化が及んでいる。

* イエナ時代のヘーゲルの体系構想は、以前はラッソンの編集したものがあったが、現在では新たに編集しなおされた「大全集版」（GW., Bd. IV, V, VI）が利用可能である。そのうえ、そのすべてが「哲学文庫」（PhB, Bd. 331-333）にも収められている。通しのタイトルは、*Jenaer Systementwürfe I, II, III* であり（*JS I, II, III* と略記する）、年代はそれぞれ一八〇三〜〇四年、一八〇四〜〇五年、一八〇五〜〇六年である。

「観念論」の科学史・科学論としての「観察する理性」

たとえば、自然哲学の場合、体系的叙述であれば、太陽系の形成（*JS I, II*）や時空概念、運動概念（*JS III*）から始められるが、現象学的叙述では、人間の自然経験に即して「自然の観察」から始められる。「観察する理性」と題された自然哲学を叙述する「理性」の章の第一部は、みようによっては科学史的叙述にも、それをベースにした科学論的分析にもみえ、おまけに当時の最新科学情報の提供とその批評さえ含んでいる。もっとも、科学史的叙述といっても、それは厳密なものではなく、そこでの叙述はむしろ科学史的情報を自由に操作しながら、それに科学論的分析を加えたものといったほうが実際に近い。

この点で、ヘーゲルの「観察する理性」の叙述と現代科学論の古典的労作、トーマス・S・クーンの『科学革命の構造』（一九六二、七〇年）の叙述とを比較してみるのも一興であろう。これもまた、科学史的情報を自由に操作しながら、それに科学論的分析を加えたものだからである。内容からみても、クーンはハンソン同様、観察と理論の関係を前者の後者への依存関係としてとらえている。

そもそも世界のなかに「自己」を見出すという「観察する理性」のあり方は、現代科学論風にとらえかえせば、「観察の理論負荷性」を主張するものにほかならず、この主張に連なる根本動向は、ポパーも注目しているように（『推測と反駁』一九六三年）、カントの思想に淵源する。「観察の理論負荷性」の主張は、ハンソンにせよクーンにせよ、ドイツ観念論とはまったく無関係なところから導き出されてきたものではあるが、発想の基調はすでに「観念論」のうちに伏在していたといってよいであろう。

『精神現象学』というと、とかくわれわれの眼は「理性」の章の前後、すなわち自己意識の不幸を説く「自己意識」の章や、精神の疎外を説く「精神」の章にばかり向きがちであるが、「理性」の章には、自然哲学のみならず社会哲学（市民社会論）をも含めて、興味深くかつユニークな叙述が満載されており、もっとこの章は注目されてよいように思われる。

15　自然の観察

(1)　無機物の観察

博物学の無思想ぶり

前記『科学革命の構造』のなかでクーンは、理論的な立場なしに測定のための測定を行うベーコン式博物学を「一つの泥沼」と批評しているが、それは「博物学といえども、選択や評価や批判をなんらかの形で無意識に行っているのであって、その理論的・方法論的信念というものを除外しては解釈できない」と考えざるをえないからである（邦訳一六～一七頁）。『精神現象学』のヘーゲルも、観察と経験を真理の源泉とみなす博物学の基本思想を「無思想」と皮肉り、そこにおける理論的規定の先在もしくは並在を指摘している。

「無思想な意識が観察と経験を真理の源泉だというとき、その言葉はただ味わうこと、嗅ぐこと、触れること、聞くこと、見ることだけが問題だといっているかのように聞こえるであろう。この意識は味わうこと、嗅ぐことなどを勧めるに熱心なあまり、次のようにいうのを忘れている。意識は実際には同じく本質的に感覚の対象を自分ですでに規定していたのであり、この規定も意識に対してかの感覚と少なくとも同じように通用する、と。」

(*185*, 139-3ff.)

博物学の記述から力学の法則へ

博物学の方法は、自然の「観察」に基づく「記述」であり、博物学は個々の対象を「観察」したまま「記述」しているかのように思い込んでいるが(「個別性」)、その実そこに「選択や評価」(クーン)が働いている(「一般性」)。けだし、ある植物・動物と他の植物・動物あるいはそれらの諸性質を区別させるものは「個別性」ではなく「一般性」、すなわち「標識」だからである。ここに博物学が立てた「標識」に基づく体系、すなわち「人為的な体系」が成立する。

ところが、せっかく立てられた「標識」、せっかくの「一般性」への上昇も、無尽蔵な自然を前にしてその境界線を崩され、その原理に「移行や混乱」が生じ、維持できなくなる。言い換えると、なされた規定は偶然的なものにすぎなくなる。結局、「観察する理性」は博物学のような偶然的「記述」の立場にとどまることができなくて、力学のような必然的「法則」の立場に移らざるをえなくなる。物の「一般性」は博物学のように物を物として外的にとらえることによって獲得されるものではなく、力学のように物の内的性質、本質（「無限性」）をとらえることによって獲得される。すなわち、ここでは「石が重い」という性質は石の外的・偶然的性質としてではなく、それの「絶対的な地球への本質的関係」、すなわち必然的な落下法則においてとらえられている。

博物学の「観察」による「記述」に代わって、ここに登場してくるのが、「法則」諸科学の「実験」である。すでにカントが強調したように、近代科学の成功は理性による法則定立とその実験的確証に負っていた。

「ガリレイが自分で選んだ重さの球を斜面に転がせた……とき、全自然研究者に対して光明が出現した。このとき彼らにはわかったのである。理性は自分が案出したものだけを洞察する……ということを。というのも、事前に立てられた計画なしになされた偶然的な諸観察は必然的法則のうちで関連しあうことがないからである。」

（『純粋理性批判』第二版「序文」一七八七年）

ヘーゲルは『精神現象学』では、こうした理性のあり方を「概念」（「自己」）の成立とみなしている。『精神現象学』の課題は一般に「概念」の生成を叙述することであったが、ここ「観察する理性」の箇所では、それは「記述（個別）」→「標識（一般）」→「法則（無限）」という「理性」の歩みとしてなされており、これはちょうど「感覚（個別）」→「知覚（一般）」→「悟性（無限）」という「意識」における「概念」の歩みを「理性」の高みにおいてたどり返している。『精神現象学』を読む面白さは、抽象語・概念語の羅列の背後に具体的な事柄を読み取ることにあるばかりでなく、たとえばこのような同一構造の重層化を読み取ることにもある。

前者に関連していえば、これまでのところでは、「記述」と「標識」においてはとくにリンネの博物学が、また「法則」においてはとくにガリレオの力学が念頭に置かれている。科学史的には前者は一八世紀の生物学史に属し、後者は一七世紀の力学史に属するものであり、ヘーゲルの叙述は時間の順序としては逆にたどっていることになる。両者の関連は、たとえばリンネ批判を前提としてニュートン力学の継承・発展に取り組んだビュフォンの試み（『博物学』第一巻、一七四四年）にみられるが、この点はヘーゲルの念頭には置かれていなかった。

さらに彼が叙述するのは「有機体の観察」、とりわけ「感受性」→「反応性」→「再生」というシェリングの有機体説であり、そこでも「感覚（個別）」→「知覚（一般）」→「悟性（無限）」の過程が繰り返される。

(2) 有機体の観察

「外は内の表現である」――有機体の法則

本章の第14節の最初に指摘したとおり、「世界は自己である」というのが理性の根本態度であった。ところでこの根本態度、すなわち「世界のうちに自己を見出す」ということは、自然科学的・自然哲学的に言い換えれば「世界のうちに法則を発見する」ことにほかならない。なぜなら「法則を発見する」とは、「変化や対立のうちに不変的な自己同一性をみつけだす」ということだからである。自己同一、自己的であることを基準にして、より自己的なものへの上昇という仕方で自然の階層をたどってみると、無機物よりは有機体、有機体のなかでも植物よりは動物、さらには動物よりは人間、端的には自己意識ということになろう。『精神現象学』の「理性」の章でも同様の階層が想定されており、自然から人間へ、無機物から有機体へ、有機体ないしは生命から自己（「個体性」）へという方向でその叙述がなされている。そしてそこでの共通した法則が、「外は内の表現である」という内と外の関係を規定する法則である。

自己目的・自己還帰としての有機体――カント批判

これはたとえば、物（内）とその諸性質（外）、あるいは力（内）とその発現（外）というような形ですでに「知覚」および「悟性」においても認められていたものであるが、ここ「有機体の観察」の箇所では、まず、それは有機体（内）と環境（外）の関係として考察される。

両者の関係は、ヘーゲルによれば、なお外面的・偶然的にすぎず法則的ではありえない。それはせいぜい「〈大きな影響〉という域を超えない」(*194*, 146-3)。「有機体の観察」において法則的でありうるのは、有機体がようやく必然的に「目的論的関係」(*195*, 146-20)としてとらえられてからのことである。ここでは有機体は「他者と関係しつつも〔環境の影響をこうむりつつも〕自己そのものを維持している」(*ibid.*)。それは、有機体が自己を目的とする自己目的・自己還帰の運動にほかならないからである。

いうまでもなく、ここで叙述の下敷きとなっているのは、カントの『判断力批判』(一七九〇年)第二部の議論であるが、ヘーゲルは「目的論的関係」の実在性を「外的知性〔神〕」にのみ認めるカントとは異なって、有機体そのものにそれを認めている。ヘーゲルによるカント批判の一つである。

諸契機の流動性としての有機体──シェリング批判(1)

次の叙述で下敷きにされるのはシェリングの有機体説であり、そこでもヘーゲルはそれに批判を加えるばかりか、さらにはシェリングの形態論および進展論に対しても批判を加えつつ、自然の偶然性という彼独自の自然観を提示している。これは後の『論理学』や『エンチクロペディー』における「自然の無力」というヘーゲル自然哲学の根本概念の先触れとなっている。この意味で「観察する理性」の章とりわけ「有機体の観察」の節は、ヘーゲル自然哲学にとってきわめて重要な箇所だといわねばならない。先に「理性」章への注目を促しておいたが、自然哲学面でのそれはとくにここにある。

さて、ヘーゲルの把握によれば、有機体それ自身に内と外の関係を設定するのがシェリングの有機体説、形態論である。ヘーゲルにあっては、機能（感受性―反応性―再生）が内、組織・器官（神経組織―筋肉組織―内臓）が外であり、シェリングにあっては、生命が内、その各形態が外である。

ところで、前記の三機能について説いていたのがハラーおよびキールマイヤーで、とくにキールマイヤーは三機能間に量的関係・法則を想定していた。それによれば、生物の発達段階に応じて下等になるほど感受性と反応性は、その多様（感官の数）に関してはともに減少し（正比例）、その持続に関しては前者は減少するのに対して後者は逆に増加する（反比例）。また感受性と再生の間にも反比例の関係が成立する。すなわち、生物は下等になるほど前者は減少するのに対して後者（繁殖）は逆に増加する。

このような説をシェリングは彼の自然哲学に組み込み、彼の形態論とも関連させて、たとえば「個体は感受性―反応性―再生間の特定の比率の目に見える表現……形態は力動的な比例関係の表現にほかならない」という（SW III, 205,『自然哲学体系の第一草案』一七九九年）。ヘーゲルはこのような考え方を、機能・組織の固定的な分離化とそれに基づく量化だと批判する。その際の彼の強調点の一つは、有機体を自己目的・自己還帰とみなす基本的立場からの当然の帰結である諸契機間の流動性である。

「有機体は形態化の過程であるから、解剖学が分離するような三特定組織にとらわれはしない。……有機体という存在は本質的に普遍、自己還帰であるから、……現実的表現、諸契機の外面性はむしろ形態化の諸部分を経巡る運動としてあり、そこでは個々の組織として引きずり出され固定されるものも本質的に流動的契機となる。」（206, 55-7ff.）

ヘーゲルのこのような立場からすると、事柄の流動性ではなく量的関係に法則を求めるシェリングらの「法則定立」は「空しい遊戯」ということにならざるをえない。

「もともとこの法則定立でなされることは、〔諸契機が〕特定の有機的対立をなしながら、この内容が失われ、対立が量の増減、異なった内包と外延という形式的対立に雲散霧消する、ということである。……このような法則定立の空しい遊戯はあらゆるところであらゆる事柄に関してなされうるのであり、一般に対立の論理的本性に関する無知に基づいている。」　(*204*, 153-29ff.)

量的規定、数的把握に対するヘーゲル独特の批判は後に『論理学』で詳説されるが、ここ『精神現象学』でも基本的にはすでに同趣旨の批判が記されている。すなわち彼にとって「数とは、運動も関係もみな消え失せてしまっている、まったく静止し死んだ無関心な規定でしかない」(*212*, 160-14f.)。結局のところ、彼によれば、量化、数的把握によっては事柄の本性をなす運動、流動的本質、むろん有機体におけるそれもとらえられないのである。

「自然の無力」――シェリング批判(2)

ヘーゲルによるシェリング自然哲学に対する批判は、先に指摘したとおり、その形態論にも及んでいる。この点について筆者はすでに研究報告したことがあり、以下、それを多少省略して本書の書式に合わせながら引用する。

「ヘーゲルの自然哲学はシェリングの自然哲学への批判として構想されていた。ヘーゲルは、その最初のまとまった批判を『精神現象学』の『理性』の章の『有機体の観察』のなかで行っている。ヘーゲルの自然概念の特徴を象徴的なまでによく示す『自然の無力』の思想は、この箇所でのシェリング自然哲学批判から生み出されてきたものであった。

シェリングはその形態論において自然所産の外的形態は作用比という内的比率の現象形態である、と説いていた。これに対し、ヘーゲルはシェリングのこの形態論を揶揄して『外は内の表現である』(199, 149-24; 208, 155-1)と定式化する。これを読み解くと、彼は『外』という語によって個体がとる現実の形態を、『内』という語によって無規定な生命、類を代表させており、この定式化によって彼が揶揄しようとしているところのものは、シェリングの形態論にあっては、生命過程が類と個体の二項関係としてしかとらえられていないということ、および形態化、個体化の原理が類にしか属さないということの二点であるように思われる。

さて、ヘーゲルにあっては、生命過程はシェリングとは異なって類と種と個体の三項関係としてとらえられる。そうしてこれらは概念の契機である一般と特殊と個別に対応し、論理的に推理関係にあるとされる。生命推理とでも呼ぶべきこの推理G—A—E(類—種—個)は、完全なものであれば概念の推理A—B—E(普遍—特殊—個別)にほかならないが、自然は、彼のみるところ、このような強さをもちあわせていない。概念の推理であるかにみえる生命推理はもうひとつの推理によって乱される。それは環境推理とでも呼ぶべき推理で、類と個体と環境G—E—Uの三項からなるものであった。ここに生命推理を攪乱する環境要因が登場してくる。彼によれば、生物界において中間種や奇形等個体変異が生ずるのは、環境要因によって生命過程が乱されるためだということになる。シェリングの形態論にあっては、形態化、個体化の原理は類にのみ属した。これに対し、ヘーゲルにあっては、単に類にのみ属するのではなく、環境にも属する。『精神現象学』特有の象徴的語法によって、環境を『諸元素』と呼びつつ彼はいう。『類の分化作業は、かの強力な諸元素の内部でのみ営むことが許され、また、その御し難い暴力によって、至る所で中断され裂け目ができ妨げられるような、まったく制限された業務となる』（219, 165-20ff.）、と。」（松山壽一『ドイツ自然哲学と近代科学』北樹出版、二五二〜二五三ページ）

「有機的自然に歴史はない」——シェリング批判(3)

いまみた問題（これが後に「自然の無力」と称される問題である）に関連して、ヘーゲルのシェリング自然哲学批判として特筆しなければならない問題がもう一つある。シェリングの進展論（Evolutionslehre）に対する批判である。引用を続けよう。

「ヘーゲルの、環境という暴力によって中断され裂け目のはいったこの無秩序な自然像は、種の連続性という一八世紀的観念に従ったシェリングの進展論の秩序だった自然像と大いに異なる。ヘーゲルの目から見れば、シェリングの進展論は、現実にはありもしない『理性的系列』（219, 165-26）を自然のうちに想定するまやかしと映った。『自然のうちには現実の歴史そのものが含まれている』(SW II, 378)、『自然の歴史そのものが現実に存在するだろう』(SW III, 68) として進展論を展開したシェリングに対して、『有機的自然には歴史はない』(220, 165-36) と断定して、進展論を否定するのが、ヘーゲル自然哲学の基本的立場であった。『有機的自然には歴史はない』。ヘーゲルはこう断じておいて、さらに同じテキスト(『精神現象学』)のなかで次のように言う。『有機的自然は、一般すなわち生命から個別すなわち実在へ直接転落する。……両契機は生成を偶然的運動として産み出すにすぎない』(220, 165-36f.)、と。このように語ることによって、彼は、種の個体形成能力が不足していること、そしてこのため個体形成が偶然に左右されること、このことを語っているように思われる。ところで、この、種の能力不足による個体形成の偶然依存性、これこそが、のちに一般化されて『自然の無力』と呼ばれることになるものにほかならない。」(同前、二五三〜二五四頁)

16　人間の観察

自己意識の純粋態と現実態——論理法則と心理法則

「理性」は、自然から眼を転じて、人間(「自己意識」)を観察するようになるが、それは、純粋・抽象から現実・具体(「個体性」)へという方向でなされる。「自己意識」の純粋態とは「思惟法則」であるから、まずこれが観察される。ここでは、「思惟法則」が思惟内容から切り離されて思惟形式として固定されてしまっているという例のお馴染みの伝統的論理学・形式論理学に対する批判を介して、真の「思惟法則」が思惟の運動そのものであるという点が強調される。

次に登場してくるのは、「理性」がこのような思惟の運動の観察という思惟の純粋態である「論理法則」から現実態へと観察の領野を広げた場合の「心理法則」である。「心理法則」を得ようとする「観察する心理学」（経験的心理学）は心理能力を収集するが、これら多様な能力を統一するのは個体であるから、「個体性の法則」（224, 169-35）こそが求められる法則ということになる。ところが、「観察する心理学」はこの「個体性の法則」をとらえることができない。なぜなら、この心理学においては（先の「有機体の観察」の最初の段階と同様）内と外との関係、すなわち個体・自己意識と世界・環境との関係が偶然的・相互外在的にしかとらえられないからである。

「精神（内）は顔（外）であり、骨（外）である」——人相術と頭蓋論

最も身近で確実な「個体性」とは身体であろう。そこで「個体性」の自己表現の確固たる素材を求めて『精神現象学』の議論は心身問題的な領域に入っていく。

ヘーゲルによれば、手相、声質、人相などは、いずれも精神が十全に発現する〈現場〉で

はない。ひとは〈顔で笑って心で泣く〉ことができる。ひとは、あらゆる身体的外見を、自己の内面の真の現れとしては拒否することができるのである。当時有名だったラファータの人相術も、「私が洗濯物を干すといつも雨が降る」という愚痴っぽい主婦の天気予報と同じようなものだ、とヘーゲルは揶揄している。

これに対して、頭蓋の骨相において言い逃れのできない心身関係の〈現場〉を押さえた、と主張する立場が当時の話題をさらっていた。頭脳こそが精神作用を司る場所であり、頭蓋骨の形態が頭脳の働きを規定する――しかも、骨の形を〈自由意志〉で変更するわけにはいかない、というのである。これが、ガルの頭蓋論である。

もちろん、ヘーゲルは頭蓋論のこうした馬鹿馬鹿しい唯物論的主張に対して詳細な反駁を行っている。頭蓋論は、〈精神は、結局のところ、頭蓋骨の形によって決定されている〉、すなわち「精神は骨である」と主張する。ところが、「精神＝骨」つまり「自己＝物」というこの唯物論的な主張は、〈自己といっても、所詮、物にすぎない〉と読める半面、〈自己が物という感覚的・対象的あり方で現前している〉とも読める。そして、〈理性の感覚的現前の実証〉という後者の含意こそ、ヘーゲルが経験科学の成果として称賛していた点なのである。つまり、「自己は物である」という頭蓋論の帰結は、「物（世界）＝自己（精神）」という「理性」のテーゼの裏返しの宣言なのである。

「〔頭蓋論は〕精神自身の現実をもって物となすという仕方で、逆にいえば、死せる物に精神の意義を与えるという仕方で、理性の確信を再興する。」（*215*, 190-13）

頭蓋論と絶対知――『精神現象学』の分水嶺としての頭蓋論

これまでみてきた「観察する理性」の節の叙述全体を振り返ってみると、それは「物は自己（精神）である」という確信から出発して、「自己（精神）は物である」という真理に到達して終わっている。この「理性の確信と真理」の関係は、ちょうど正反対、論理的にいえば、換位命題になっており、また各々は無限判断の形式になっており、両者ともに、いわゆるヘーゲル弁証法の核心に迫るほどの内実を秘めている。一見、当時の流行・最新科学情報を追っただけにみえる「観察する理性」の節最後の「頭蓋論」は、テキストの構造上からみても、『精神現象学』最後の「絶対知」に通ずる（「頭蓋論」の命題をひっくり返すとただちに「絶対知」を表す命題となる）という独特の位置を占めてもいる。

すなわち「頭蓋論」は、「物は自己である」（観念論）→「自己は物である」（唯物論）→「物は自己である」（絶対的観念論）という「理性」の歩みの決定的な転換点にほかならない。したがって、この観点からみれば、この後に続く「理性」以後の「精神」→「宗教」→「絶対知」の叙述は、「自己は物である」という「頭蓋論」の唯物論をふたたび「物は自己である」という観念論へと連れ戻すもの、ということになる。言い換えると、「理性」（AA）

↓「精神」（BB）↓「宗教」（CC）↓「絶対知」（DD）の歩み全体は、「（C）理性」でありながら、その内部でふたたび「感覚」から「理性」への歩みを繰り返すことになる。

ただし今度は、最後の到達点としての「理性」は、「理性の確信」（カント、フィヒテ、シェリングの観念論）でも、単なる「理性の真理」（ガルの唯物論）でもなく、真の意味での「理性の真理」たる「絶対知」（ヘーゲルの絶対的観念論）なのである。

弁証法とは、真理に至る過程そのものであるが、この過程を一点に凝縮すると無限判断になる。無限判断とは、通常の包摂判断（たとえば「バラは花である」）とも内属判断（「バラは赤い」）とも異なって、主語の外延と述語の外延が重なることのない独特の判断であり、両外延が完全に重なってしまうトートロジー（同語反復、たとえば「バラはバラである」〔A＝A〕）の正反対である。つまり、「物は物である」「精神は精神である」といえば、トートロジーになるが、「物は精神である」「精神は物である」のように対立者を一つに結びつけると無限判断（A＝Ā）になる。

いま述べたところから明らかなように、狭義の「理性」の観念論も、「頭蓋論」の唯物論も、「絶対知」の観念論も、判断の形式で表せばすべて無限判断となっている。

無限判断は判断形式としては、肯定判断および否定判断と並ぶもう一つの質の判断であり、これらとの関連からいえば、否定判断（悪無限）の究極（真無限「物は非物（＝自己・精神）である」）としての否定的肯定判断ともいえ、上で指摘したような、「頭蓋論」を『精神現象学』というテキストの構造上独特の位置に据えているものは、無限判断のこの究極的性格にあるといってよいであろう。

あるいはまた、この究極という性格とも関連して、いま一つテキストの構造について述べておけば、「頭蓋論」は『精神現象学』最初の章「感覚的確信」における「感覚」が昇りつめた頂点でもある。すなわち、それは「理性」における「感覚」にほかならなかった。

さらに「理性」における「知覚」が「精神」章の「啓蒙」（第二の頂点）、「理性」における「悟性」が同じ「精神」章の「良心」（第三の頂点）、そして「理性」における「自己意識」が「宗教」章の「啓示宗教」（第四の頂点）となっている。つまり、広義の「理性」全体の叙述は、この観点からみれば、「理性」内部でそれまでの「感覚」から「自己意識」への歩みをたどり返し、それぞれをその頂点へと導きつつ、それによって最後の「絶対知」の高みに到達させるもの、ということになる。

第五章　世界を自己とみなす自己意識(2)——行為する理性

〈概　観〉

理性が行為をとおして自分自身を実現しようとすると、むしろ現実のほうにこそ自分の本質があることに気づかされる(17)。快楽を求めても、真心や徳で世間をよくしようとしても、現実世界の理性的な力には太刀打ちできない(18)。個々人の行為それ自身が自動的(本能的)で必然的な連関においてしか成り立たないし、彼らの仕事や作品のなかにはすでに他の人々との共同的な合理性が働いているからである(19)。この合理性を自覚的に運用して、法をつくったり審査したりすることができると思い込むと、かえって現実(人倫)から遊離してしまう(20)。

17　行為する理性の社会的なかかわり
——理性的な自己意識の自分自身による実現

観察から行為へ

「観察する理性」は現実とのかかわりのなかで「自分を見つけ出す」立場、つまりは理論的な傍観的立場に立っていた。だが「行為する理性」はさらにこの自己を現実そのもののなかに実現し生み出そうとする。というよりも、理性が現実との関係のなかで自分を見出すということが、そもそもすでに理性の自己産出の一つの行為だったのである。

「個人は自分の行為の結果（Tat）によって、存在する現実という普遍的な場面のなかに自分を置くことになる。……およそ、行為する（Tun）ということは、個人が自分の本質を自分から離れた自由な現実として立てるという意味をもっている。」（268, 203-39）

人間の行為は、いわゆる観想も含めすべて、なんらかの「普遍的な場面」での営みにほかならず、常にすでに社会的・共同的な意味をもつ、というのがヘーゲルの確信である。この確信の本質的な部分ともいうべきものをヘーゲルはここに披瀝する。

人倫的共同体の理想——ギリシャのポリスへの憧憬

「自己意識的な理性の実現という概念は、他者の自立性のうちにこの他者と〔自分と〕の完全な統一性を直観するということであるが、この概念は……実際、ある〔自由な〕国民〔古代ギリシャのポリス〕の生活のうちに完成された実在性をもつ。……ここでは各人は自分の個別性を犠牲にして、この普遍的な実体〔国民〕をもって自分たちの魂（Seele）

であり、本質であるとする。……

実体がその現実性をもつのは、その実体のうちで諸個人として生きており、その実体においてそれぞれ自分自身を意識している、まさしくそうした人々においてなのである。……この秩序が彼らから奪い去られるとき、また彼らが自分からこの秩序の外に飛び出していくとき、彼らは一切を失う。」（*256f.*, 194-17; 273, 207-3）

ヘーゲルは青年時代から古代ギリシャのポリスに憧れ、そこを人間精神の「故郷」にして「目標」として理想化していた。個々人の自由が公共性と一致し、全体が個々人のなした作品であり、個人の自己犠牲的な行為がかえって個人の真実の生の実現であるような共同体――ほとんど夢想ともいえるこの人倫的共同体の理想像が、ヘーゲルの哲学を根底で規定しつづけている。

もちろんこのギリシャの「人倫の国」はすでに遠い過去のものであり、近代においてはあくまでも一つの素朴な理想にすぎない。このことを意識し、意識するという立場でこれを近代において再構築するところに、ヘーゲルは近代人の「使命」をみる。そのためには、「人倫的な実体の意識、人倫的な実体を自分自身の本質として知る意識」である「道徳性（Moralität）」（260, 197-19）が近代人には不可欠だというのである。

人倫的共同体も道徳性も、もちろんこの段階の「行為する理性」にはじめから知られているわけではない。それは「自己意識の経験の運動」をとおして自覚されていくものである。そしてこの自覚が同時に「行為する理性」の自己実現でもありうるのかどうか、ありうるとすればいかにしてか――この課題が「理性」の章、そしてさらに「精神」の章にまで及んで叙述される。というのも、「人倫」も「道徳性」も本来は、それをすでに自ら実現している「精神」の章での主題なのであって、経験の主体である当の理性的意識にとっては、そこへと至る運動の成果として明らかにされるはずのものだからである。

　したがって、「行為する理性」は、個人が現実とのかかわりのなかで行う自己実現の最初の、共同性をめざすのではなくてむしろ自己中心的・独善的な経験として描かれる。個人はそうしたさまざまな経験を介してこそ行為の本来の意味を知り、自分の置かれている社会的連関を理解するようになるものなのである。

18　世間という大きな書物

快楽と必然性

　理性的自己意識が行う経験の第一段階は、自らの快楽の追求こそが幸福だと考える直接的な享楽主義である。それは官能的な快楽の追求であり、その陶酔《エクスタシー》のなかにあらゆる分別は消え失せる。

「自己意識の最初の目的は、個別的な存在者としての自分を他の自己意識〔異性〕のうちに自覚しようとすることである。つまり、この他者を自分自身としようとすることである。自己意識は、即自的にはすでにこの他者が自分自身であるという確信を抱いている。人倫的な実体と思惟の静謐な存在から自立的な存在へと己れを高めたのであるから、そのかぎり自己意識は、習俗と生活の法則をも、観察の諸々の知識や理論をも、灰色にまさに消えようとする幻としてうしろに従えている。……

それは知性と学問という
人間　最高の賜物をさげすみ――
それは悪魔に身を委ねて
没落せずにはおられない」

(262, 198-23, 最後の四行はゲーテ『ファウスト』からの自由な引用。手塚富雄訳、中央公論社、六〇〜六一頁)

この自己意識のモデルはグレートヒエンの悲劇である。地霊に魅せられたファウスト博士は、分別も学問もかなぐり捨てて、快楽を求めて世間という広い世界に乗り出す。彼はグレートヒエンと恋に陥り、そこに灰色の学問の世界では味わうことのできなかった生の歓びを享受する。だが、愛欲の果てに身ごもったグレートヒェンは、押し寄せる苦悩に耐えきれずに発狂し、その子を殺し牢獄につながれる。

快楽に身を任せることは世間のしがらみに縛られることである

普遍的共同の世界から逃れ、すべての関係を捨て去って、個別的な対象のなかにのめり込み自分の欲望の満足だけで十分だと思い込んだ者は、快楽に溺れた後、普遍の側からかえって強く束縛されるに至る。なぜなら、愛欲はなによりも他者を必要とし、他者との合一を求めるのだが、それによって両者のどちらもすでに個別的な者ではありえなくなっているからである。それればかりではない。他者との合一はそれ自体、すでにいったん放棄した関係性の回復であると同時に、時として新たな、以前よりもっと強固な関係の原因ともなりうる。

この一節をヘーゲルは自分の経験と重ねあわせ、複雑な思いで綴ったに違いない。『精神現象学』を執筆していたちょうどその頃、彼は下宿先のブルクハルト婦人との間に庶子ルードヴィッヒ（一八〇七年二月五日生まれ）をもうけていた。互いに愛欲を求めて結びあった者同士であれ、その結果生まれた子どもに対しては親としての責任をとらなくてはならない。社会的な非難は甘んじて受けるとしても（後にヘーゲルはその子を引き取る）、そのことをとおして、自分が家族や社会といった共同的なものとの「強固な連関」「絶対的な関係」（264, 200-25）のなかにいることを、したたかに思い知らされる。それが世の「必然性」であり「運命《さだめ》」でもある。

「他の人々との共同性を投げ捨てたまったく自分だけでの存在（Fürsichsein）という目的から、その正反対への移行が生じている。……個体は没落し、個別性の絶対的な冷ややかさ（Sprödigkeit〔もろさ〕）が、同じく冷酷でしかも連続的な現実〔世間の壁〕に突き当たって粉々にされるのである。」（265, 200-36）

ヘーゲルその人ならばもちろんのこと、いかに冷酷なドン・ファンであってさえも、いったん世間のしがらみにからめとられてしまうと、自分が抜き差しならぬ関係のなかにあることに気づかされることになる。快楽にひたる者にとって、世間の秩序や義理人情などは打ち捨てて無縁になったつもりのはずだが、世間という必然性はけっしてそれを許してくれないからである。この必然性を自分自身の法則として知ろうとするとき、いまや意識は新しい形態に高まる。

心情の法則と自負の狂気

この新たな意識は、自分自身が「必然的なもの」であり、「普遍的なもの、あるいは法則を直接的に自分の内にもっていることを知っている」（266, 202-5）意識である。「直接的だ」ということは、もちろん、この普遍性がただ「無媒介に」意識されているだけで、いまだ反省されるに至っていないからである。これが、自分ひとりの思い込みだけを拠り所にする「心情の法則」(266, 202-8) である。それゆえこの意識は容易に「自負 (Eigendünkel)」に陥ることになる。「自負」とは「自分の (eigen)」「暗さ (Dunkel)」に気づかず、かえってそれを光と思い込むこと、つまりは自分のことをまったく理解していないことでもある。独りよがりの人によくみられるように、自分の「心情の法則」だけが正しいと勝手にうぬぼれ自負する人ほど、世間を馬鹿にするぶんだけ、かえって自分のことに無反省なものである。

放蕩三昧のあげく、人をだますことまでやった者が、一転して「世界の暴虐的な秩序」(267, 202-20) を非難する宗教者を自負する図を考えてみるとよい。もはや「個人的な快楽」のことなど断念し、「人類の福祉の実現」という普遍的法則に目覚めた彼であれば、この世間になお「個人を抑圧する残虐な必然性」が横行しているのにすぐに気づき、自分の法則に照らして世間を非難するようになる (267, 203-2)。自分は心から普遍的なもののことを思っているのだから、自分の法則こそ「〔現実の〕法則に高められて妥当すべき思想」(269, 204-18) なのだ、というわけである。

しかし彼が非難の武器にする「心情の法則」は、それがいかに「高次の目的をもった真摯なもの」(267, 203-1) であったとしても、彼の快楽の追求がそうであったのと同じで、彼ひとりの個人的なうぬぼれにすぎないとすれば、世間の人々を説得するのはむずかしい。彼が声を高くして繰り返し自分の法則を説いてまわってみたところで、底の浅さが露呈するばかりであろう。それればかりではない。自負を法則と主張することの矛盾がしだいに暴露されてくる。

実行と挫折——自負の狂乱

いま仮に彼の心情の法則が世間に受け容れられ、いわば「存在の形式を受け取り、普遍的な威力」(268, 203-33) となったとしよう。そうなると、彼の内面の普遍性であった「心情の法則」はもはや「心情の法則」ではなくなってしまう。現実に力を行使しうるものとなった法則にとっては、「心情の法則などどうでもよい」からである。こうして彼は現実の秩序の威力に巻き込まれ、その側にからめとられる。彼があくまで自分の「心情の法則」に固執し、実現したものは自分のものではないと抗ったとしても、自分の法則を主張するかぎりは、実はある意味ですでに世間の秩序を承認しているのである。

「個人は自分の行為によって自分を、存在する現実の普遍的な境位のうちに、あるいはむしろそのような境位として定立するのであって、彼の行為は、彼がその行為に帰す意味からしてさえ普遍的な秩序の価値をもつべきなのである。ところがこれによって個人は、……普遍性として自分だけで成長してゆき、個別性から純化される。……個人は実際自由な普遍的現実というものをすでに承認してしまってもいたのである。というのも、行為するとは、自分の本質を自由な現実として定立するという、すなわち、現実を自分の本質として承認するという意味をもっているからである。」（268-269, 203-39）

したがって、自分の心情の法則を世間に対して主張するということは、その法則に反しているはずの現実のなかでその法則が妥当することを望むという、矛盾した行為である。さらに、たとえ現実化したとしても彼の法則は、他の人々の賛成を容易に得ることもできない。彼らはみな、それはあなたのものであって自分たちの「心情の法則」ではないと言うに違いないからである。こうして個人は、自分の意図のなかに潜む矛盾および世間の現実との軋轢によって、純粋であればあるほど「自分自身において矛盾し、もっとも内面で錯乱する」（270, 205-18）ことになる。

こうなってみると、個人は内的に引き裂かれ、自滅への道を突き進まざるをえない。「人類の福祉のためを思って高鳴る胸の鼓動は、狂い乱れた自負の激昂となり、自滅に抗して自分を保とうとする焦燥の念へと移っていく」（271, 206-4）。けしからんのは人々を欺く「狂信的な聖職者たちや贅沢に耽る暴君たち、そして彼らに虐げられた腹いせに下の者に対して腹いせと弾圧をもってする役人たち」（272, 206-9）であり、結局は汚れきったこの世界なのだ！——彼はこう叫び立て、「自負の狂乱」へとのめり込んでいく。

徳と世間

心情が錯乱に陥らざるをえないのは、その法則がまったく無媒介の主観的な思い込みにほかならなかったからである。いまや意識はこの点を反省し、普遍的な善（と思われる）法則を「徳」として掲げ、この徳が世間にも行われることを要求するようになる。そして、「個別性への執着がもはや残っていないことの証として、〔自分の〕全人格を犠牲にすること」(274, 208-14) をめざす。けれども、この「徳」も「本質を欠いた抽象」(280, 212-24) である。それは「心情の法則」と同じく主観性を免れてはいない。この意識も、自分は善を求めているのだからそれだけで正しいのだと、「正義の騎士」を自称し、世界を向こうにまわしてがむしゃらに戦いを挑む。だがそれも所詮ドン・キホーテ的な妄想にすぎない。

しかも、この「徳の騎士」がなぜ世間に戦いを挑むかといえば、そもそも「自分の目的と世間の本質との根源的な統一に対する信念（Glaube)」(277, 210-22) を抱いているからであり、善という普遍的なものが自分にはもちろん世間にもその本質として実現されるはずだと確信しているからである。その意味でこの戦いは、善Aが善Bに戦いを挑み、結局は共通の元締めである善そのものが勝利するという「いかさま (Spiegelfechterei)」勝負だということになる。「徳は戦いにおいて、自分の剣をきれいなままにしておくことだけを大事にする戦士に似ているばかりではない。徳は武器〔善の信念〕を大事に守るために闘争を始めたのであった」（278, 211-14）。

徳の敗北

騎士は普遍的な徳を掲げて戦いを始める。いわば個体性を払拭したただ一色の善を世間全体に求めるのである。だが、現実はどこをとってもまったく同じ顔をのぞかせるといったものではない。「現実的な善」それ自体実は「個体性によって生命を与えられ、他者に対して存在するもの」（278, 211-4）にほかならない。そもそも世間は個々人のさまざまな活動によって成り立っており、徳の騎士はそれに憤って戦おうとしたわけだが、徳の騎士のこの戦いもそれが現実化するためには個体性を必要とせざるをえないのである。「個体性こそまさしく即自的に存在するものを現実化するものであり、……個体性の運動が普遍的なものの実在性〔の根拠〕なのである」（281, 213-18）。

してみると、彼が掲げた徳は、「国民という実体において、その内容豊かな基盤をもち、現実的な、すでに現存する善を目的とする」ものではなく、むしろ「そのような実体から抜け出た実質のない徳であり、世間をののしる空しい演説」にすぎなかったのである（280, 212-35）。

意識が世間に学んだこと——人は社会を離れては生きることができない

個体性に執着し快楽を求めた意識は世のしがらみの手強さを思い知らされ、世間の必然性に気づかされた。「心情の法則」も「徳の騎士」も、個体性を放棄して、この必然性の立場を自分のものとして正義の味方を気取ってはみたが、個体性を原理とする世間の前に敗れた。この挫折の経験をとおして意識が学んだことは、意識がいつも外的なものとしてかかわってきた対象の総体である世界が、むしろ意識の拠って立つ基盤であり、「実体」なのだということである。ここに個人と世間との共同性格とその構造が「ある国民」のなかに浮かび上がってくる。

少し本文をさかのぼるが、ヘーゲルはこのことをすでにこの章の序論にあたる部分で総括的に次のように述べていたのである。

「個人が自分の欲求のためにする労働は自分自身の欲求の充足のためのものであるのと同様に、他の人々の欲求の充足のためのものであり、個人が自分の欲求の充足を獲得するのはただ他の人々の労働にのみよっている。——個別者がその個別的な労働においてすでに普遍的な労働を無意識のうちに実現しているのと同様に、個別者はまた普遍的な労働を自分の意識的な対象として実現してもいる。全体は全体として彼の仕事となり、彼はこの仕事のために自分を犠牲にするが、まさしくそのことによって自分自身を全体から取り戻すのである。――ここには、相互的ではないようなものは何もないし、そこではすべてが、個人の自立性が、その自分だけでの存在を解消するところで、つまり自分自身を否定するところで、かえって自分だけで存在するという積極的な意味を自分に与えるものとなる。他者のために存在すること、つまり自分を〔他者のために〕物にすること〔労働〕と自分だけでの存在とのこうした統一、すなわちこうした普遍的な実体は、その普遍的な言葉を一つの国民の習俗と法則のうちに語っているのである。」　（*257ff.*, 195-1）

デカルトの言葉を借りれば、理性は世間という大きな書物に学ぶものなのである。世界には理性など存在しないという心情主義の思い込みは克服されなくてはならない。「存在する実体」との和解なしには、理性そのものが成り立たないからである。

19　精神的な動物の国――自分にとって即かつ対自的に実在的な個体性

社会に和して生きる個人

以上の意識の経験は、現実の行動をとおした人間の生成の具体的な歩みであった。言い換えれば、個としての人間が、自分の個体性を先鋭化して普遍的社会に対峙し、そのなかで自分をその社会の成員として自覚していく過程であった。

理性のこの段階での個人はその成果としてすでに「自分が即かつ対自的に実在的である」と確信するに至っている。個人が自分の思いのまま「正直に（reell）」振る舞うことが、すでに同時に社会において「信頼されていること（reell）」であり、それが「実在的である（reell）」ということの、この場面での意義である。個人がなんらかの形で自分を表す行為が直ちに普遍的な行為として現れる。それゆえ個別的存在と社会の普遍性とが共属しあっているということが、個々人すべてに受け容れられている。「行為はそれ自身においてその真理であり現実であって、個体性を表すこと、あるいは言い表すことが行為にとっての即かつ対自的な目的である」（284, 214-32）。したがって、個人自身が現実そのものでもあることになる。

行為の連関と環境との一致——精神的な動物の国

実際、人間の行為はたしかに自分の行為ではありながら、厳密な意味でまったく自分の行為といえるものはごくわずかである。日常の行為の大半は、はじめからすでにさまざまに習慣化され社会化されている。私が行為するといっても、それもまた私と現実との融通《ゆうずう》無《む》碍《げ》ともいえる関係のなかでのことでしかない。

こうした関係を総称してわれわれは「環境」と呼んでいる。文字通り周囲の事情、個人の能力・才能・性格、そして経験の蓄積などの全体がそれである。この環境のなかで彼はある

「目的」を抱き、自分のもっているさまざまな「手段」を駆使してこれを「結果」として実現しようとする。この目的も手段も結果も環境に含まれるのだとすれば、すべてが環境の「二人相撲」といえなくもない。理性のこの段階では意識それ自身が環境と一つなのである。

「意識はこれによって自分の行為のすべての対立とすべての条件を投げ捨ててしまった。意識は元気よく自分から出て行きはするけれども、他者に向かうのではなくして、自分自身に向かうのである。個体性はそれ自身において現実なのであるから、作用の材料も行為の目的も行為それ自身のうちにある。したがって、行為は、それ自身のうちで自由に虚空を動き、妨げられることなく時には膨張し時には収縮し、完全に満ち足りてただ自分自身のうちで自分自身とだけ戯れている円環のような運動の様相を呈する。……行為は何ものも変えることがないし、何ものにも刃向かうことがない。行為は、見られない状態から見られる状態に移す働きという単なる形式にすぎない。」（284, 215-14）

してみると、人間も動物となんら選ぶところがないようにみえる。「水や空気や大地といった自然環境」のなかで、「未規定な動物の生命」は、一個の特殊な生命体でありながら同時に環境と一体となって「同じ普遍的な動物の生命でありつづける」（286, 216-25）からである。

なるほど人間も動物の一つにほかならない。たしかに人間は「規定された根源的な自然のなかで自由でかつ全体でありつづける意識」をもち、しかもそれを「根源的な自然」とみなしている（286, 216-31）。しかし彼が「目的が端的に現実に結びつけられている」という「行為の必然性」（293, 222-21）を信じて疑わないのは、彼の意識にとって行為の目的↓手段↓実行↓結果（現実）の連関がいわば自動的な（動物でいえば本能的な）「完全に満ち足りた円環運動」として信頼されているからである。この段階が「精神的な動物の国」といわれる所以の一つがこれである。

行為の循環論——行動が精神を生み出す

人は目的↓手段↓実行↓結果の連関のなかで行為する。たとえば、彼が「意識の本質の根源的な内容」（287, 218-3）を行為をとおして実現しようとする場合を考えてみよう。

いま仮にその内容が「精神」であったとすると、この精神を現実化するとはどういうことなのか。これを現実化するためには、少なくともこの行為連関の全体が——つまり「精神」の本質がいかなるものであり、どのような手段をもってすれば、どのような結果が現実のものとなるのかということが——あらかじめ意識されていなければならないだろう。だがもしもあらかじめ意識されているのだとすれば、行為の実行以前に「精神」の本質はその人にとってはすでに実現されているといわなくてはならない。

ここには「一つの円環」「循環論」（288, 218-14）が潜んでいる。「精神の本質（が何であるのかを知る）」という目的が、行為が遂行される以前にすでに現実化し（知られ）ていなければ、それを目的として設定することができないはずだからである。だがこれは理論的なレベルでの議論というべきであろう。人は議論以前にまずもってすでに生きており、したがって、行動しているものだからである。

「意識の本質の根源的な内容は、意識がそれを現実化してしまったときにはじめて意識にとって存在するものとなる。……意識が即自的に何であるのかということが意識にとってある〔自覚される〕ようになるには、意識は行動しなければならない。行動するということはまさしく、意識として精神が生成することである。したがって、自分が即自的に何であるのかを、意識は自分の現実から知るのである。だから個人は、行為によって自分を現実にもたらした後でないと、自分が何であるのか知ることができない。」（287, 218-3）

現実の行動が精神を生み出す。なによりもまず実行してみることである（「はじめに行為ありき」〔ゲーテ『ファウスト』〕）。そうすればやがて、「存在する現実」（289, 219-12）であり、「意識が自分に与えた実在性」（290, 220-22）である「仕事（Werk）」を介して、精神の内在的・潜在的本質が現実化する。――これが環境に信頼をおく人間の確信であり、このような確信を抱いて、堅実な個人は自分の「仕事」に励むのである。

「仕事（作品）」を世に問うことの宿命——精神的な動物の国と欺瞞

作品とは、たとえば芸術家や学者その人の内的な「個体性全体の内容が、行為に基づいて存在のうちに差し出されたもの」（292, 222-3）、つまりは彼の内的本質の表現である。彼はこの仕事をとおして自分の本質を現実化し認識するようになる。しかし他方で、作品はまた同時に公の場に提供されることによって、作者の意図を離れて客観的に評価されることにもなる。現実の社会では、新しい作品が世に出るやいなや、多くの人たちが、「テーブルに運ばれたばかりのミルクにたかるハエのように急いで馳せ参じ」（300, 227-22）て、あれこれと論評を始める。

芸術家や学者は自分は芸術や学術・文化という「事柄そのもの」のために仕事をしていると称するのが常である。しかし実情はそれほど立派なものではない。仲間内でのせめぎ合いのなかで、互いに他の人の仕事に対抗したり、悪口をいったりしながら仕事をしているのが実際である。

ある学会でメンバーのひとりが自信をもって得々と発表したとしよう。ところが他のメンバーたちが、「そんなことはもう自分たちがとうにやってしまっているよ、と指摘したり、……援助を申し出て、これを実行したりする」（298, 226-25）。すると発表者は内心ガッカりしながらも、自分は「ただ自分のためだけに存在しているあるもののために行為し働いているのであって、自分および自分自身の本質をめざしているにすぎない」（299, 227-13）と言い訳する。

最初は普遍的な「事そのもの」のために仕事をしていると自負していたのに、批判されると個別的な私的営みに逃避する。これはもう「諸個人が自分自身をも互いの相手をも、欺くとともに欺かれているのを見出す、戯れ（Spiel）」（298, 226-17）というよりほかはない。援助を申し出る側も、「事そのものではなく、自分たち自身の行為をみようとし、示そうとした」だけであって、「自分たちは欺かれていたのだと苦情をいうのとまさしく同じやり方で、別の人々を欺こうとしていた」（299, 226-30）にすぎないのである。

他人の作品をけなすことによって優越感に浸り、賞賛することによって「自分の寛大さと節度」を誇る（299, 227-7）、欺き欺かれる仕事の世界、これが「精神的な動物の国と欺瞞」の実態である。

市民社会の論理としての「事そのもの」

こうした欺瞞は芸術家や学者の世界だけのものではない。「事そのもの（Sache selbst）」の論理は、資本主義的市民社会の論理でもある。各人は公《おおやけ》のためと称して「誠実さ」を装いながら仕事をし、私的な利益を追求する。その目的のために時には他人をだましさえする。ところが、このだましあいも含む個々人の利己的な活動の総体によって、「もちつもたれつ」の市民社会のシステムが成り立っている。

各人の行為はこのように個別的・利己的側面と、普遍的・社会的側面という二面を備えている。社会的な場面では、個別が普遍であり、普遍が個別であるという「相互浸透」が成り立っているからである。それゆえ、各人の行為が織り成す普遍的な社会的連関は、「各人の行為の偶然性を自らのうちに包含」(293, 222-17) し、「即かつ対自的〔絶対的〕に持続する現実」(297, 225-34) となるわけである。これがつまり、各人が生きていく現実的基盤、「人倫的な実体」(301, 229-15) であり、個人の行為を離れて「事そのもの」として自立していく。

「人倫的な実体」は「われわれ」からみれば意識の経験の根底に最初から存していた。しかし、ここでいまやようやくこのことが経験する意識それ自身の自覚に上ってきたのである。この自覚された意識が「人倫的意識」(302, 229-3)、すなわち「道徳」である。こうして「精神的な動物の国」はその動物性をぬぐい去って、「精神的な実在」となる。

「意識は〔個別と普遍という〕両面が、等しく本質的な契機であることを経験し、そうすることにおいてまた、事そのものの本性 (die Natur der Sache selbst) が何であるかを経験する。……事はただありとあらゆる人の行為として存在し、すべての存在者の本質である本質、つまりは精神的な本質（das geistige Wesen）である。……自己意識の現実と行為とをその定在にする絶対的な事は、したがって人倫的な実体であり、この実体の意識が人倫的意識である。」（300, 227-32; 300, 227-38; 302, 229-1）

人倫的実体の意識とは、普遍的・公共的なものが個人の拠り所になっているという自覚のことである。「精神的な動物の国」での経験は公共性の無自覚な体験、つまりは戯れであった。この無自覚性をそっくり保持したまま、自分こそ普遍的な観点に立っていると思い込んでいるのが、「立法し審査する理性」である。

20　法をつくり審査する理性

立法する理性の形式主義

この理性が対象とするのは、「もはや確信と真理、普遍と個別、目的と実在という対立に煩わされることのない絶対的な事」（301, 228-33）、つまりは有無をいわさず普遍的・公共的であるようなものである。したがってこの理性は、誰からも否をいわれない、「何が正しくて善であるかを、健全な理性が無媒介に知っているというように」、まったく普遍的な命法を立てようとする（302, 229-23）。曰く「各人は真実を語るべきである」（303, 229-36）。

理性はこの命法が「無条件なものとして表明される義務」(303, 229-36) だと思い込む。ところが、実際に何を語れば真実であるのかは、けっして無条件にいえることではない。なによりもまず、「もしも真実を知っているならば」という条件がつく。真実を知らないのにこの命法を守ることは不可能だからである。それゆえ理性は、無条件ではないものを無条件と偽って立法していることになる。

隣人愛の場合も同様である。曰く「汝の隣人を汝自身として愛せ」(304, 230-37)。この命法が指示する愛は「ある人から害悪を取り除き、彼に善いことを与えることをめざしている」(304, 231-2)。しかし、ある人にとって何が「善いこと」かは判断に迷うところであって、けっして一義的ではない。むしろ人によって異なり偶然的なのが一般的である。とすれば、この命法も「普遍的な内容」をもっておらず、「人倫の法則」とは呼べない代物である。つまりは、いずれの命法も「ただ当為に止まるだけで、現実性をもたず、法則(Gesetz) ではなくて、命令 (Gebot) でしかない」(305, 231-22) のである。

「実際事そのものの本性から明らかであるが、普遍的で絶対的な内容は〔命法としては〕断念されなければならない。というのも、単一 (einfach) な実体には、――単一であるというのがその本質なのであるから――そこに立てられる規定はいずれも不適切だからである。……命令 (Gebot) に帰属しうるのは、形式的な普遍性だけ、言い換えれば、それ

が自己矛盾しないということだけである。」（305, 231-27）

命法を無条件に妥当する普遍的なものにしようとすればするほど、「〜すべきだ！」という単に形式的な当為の命令になってしまうばかりである。命法としてのこうした「道徳法則」は、結局のところ「善いことは善いから、善いことをするのは善いことだ」といっているにすぎない。要するに、論理的に自己矛盾しないことを原則として掲げているだけの、「AはAである」という「意識の同語反復」（305, 231-39）にすぎないのである。

つまり、立法する理性は内容をもたない単なる形式主義にとどまるのである。実践的な理性の場面だからといっても同語反復が形式的なものでしかないことに変わりはない。「理論的な真理の認識に関しては形式的な規準としてしか容認されない矛盾律、すなわち同語反復が、実践的な真理の認識に関してはそれ以上のものであるべきだというのであれば、それはもう奇妙なことといわざるをえまい」（308, 234-12）。「立法する理性」とは、自己矛盾しない範囲で「ある内容が法則でありうるか否かを決める尺度」を問題にしているにすぎないのであって、その意味では要するに単に「審査（吟味）する理性」にほかならないのである（306, 232-5）。

「道徳」から「人倫」へ——「精神」の生成

理性の形式主義ということでヘーゲルが批判しているのは、実はカントの「道徳法則」である。カントは道徳法則の根本原則をこう定式化していた。「君の意志の格律が、いつでも同時に普遍的立法の原理として妥当するよう行為せよ」（『実践理性批判』波多野精一ほか訳、岩波文庫、七二頁）。自分の行為がいつも、同時に普遍的な妥当性をもっていなければならない、というのである。しかしこれは、「誠実さ」という付帯条件を欠いたとき、容易に「暴君の傲慢」になる恣意的な法則だとヘーゲルは批判する。

「誠実さを欠いていれば、〔立法の〕諸法則は意識の実在としては妥当せず、それと同じく審査する〔理性の〕行為もその実在の内部の行為として有効ではない。……あの直接的な立法の行為は、恣意を法則とし、恣意に対する服従を倫理とする暴君の傲慢である。……同様に、諸法則を審査する行為も、動かしえないものを動かす行為を、そして知の傲慢を意味する。」（309, 234-34）

同語反復が道徳法則の根拠だというのであれば、自己矛盾を犯さないかぎり誰であれ「自分の好き勝手に」（312, 236）どんなことでも法則だと主張できることになる。とすれば、そのような主張が普遍的なものでありえないことは明白であろう。誠実さを見込んで、「人間はそんなことをするはずがない」といってみたところで、それをあてにできる保証はどこにもない。自分の「理性」に照らしてみても、誠実であろうとすればするほど、むしろかえって自分の弱さを思い知らされる。「誠実さの真実は、自分が見かけほど誠実ではないということ」に心を痛めるところにあるからである（297, 225-20）。ここにすでに「良心」が顔をのぞかせている

本来、道徳は個人の勝手な思い込みであってはならない。立法する理性、審査する理性は、たしかに「人倫の意識の契機」（309, 234-24）であるが、それはなお個別的な意識の立場からの直接的な知にとどまっていた。いまや理性そのものが最終的に克服されなければならない。人倫は理性を超えているからである。「理性的な」法則をあれこれと詮索するのではなく、むしろ「習俗（Sitte）」に従って生きることこそ、「人倫のあり方（Sittlichkeit）」なのである。なぜなら、習俗や制度といった社会的諸関係（「人倫的な実体」）のなかに万人の「永遠の法則」が、すでに現存しているからである。

> 「〔人倫的な実体という〕この精神的実在は永遠の法則である。この法則はこの個体の意志のうちにその根拠をもつのではない。それは即かつ対自的に存在するものであり、直接的な存在の形式をもつ万人の絶対的な純粋意志である。この意志は、単に存在すべきであるというだけの命令ではなく、現に存在し、妥当している。」
> （310, 235-21）

意識は人倫的な実体にまで高まり、そこに生きる。実体は意識に自覚されることによって、充実した内実を獲得する。個別的な意識は紆余曲折を経て、人倫的実体を現実化するものとなってきた。「人倫的実体が自己意識の本質であり、自己意識が人倫的実体の現実態であり定在であって、人倫的実体の自己であり意志である」(312, 237-5) という、個別と普遍の統一が個別的な意識それ自身に知られるものとなったのである。これが「精神」の生成である。これによって「意識の経験の学」は、人倫の共同精神としての「精神の現象学」へと転回する。

第六章　和解に至る「精神」の歴史

〈概　観〉

「精神」とは、文化も制度も人々の意識も含めて、世界の歴史的現実を意味する(21)。国家と家族、公と私とがそれぞれの神を背にして対立する悲劇『アンティゴネー』は精神の原風景である(22)。ローマ法に基づく個人の人格の承認は直接近代に通じるものである(23)。「法状態」は、〈自己〉が自らのあり方から離反することをとおして、流動化する。自己からの疎外は、抽象的普遍に生気を吹き込み、自己と世界を独特の仕方で結びつける(24)。疎外による形成と転倒をとおして、世界にあまねく自己の刻印がしるされる。伝統的価値秩序は崩壊し、近代の啓蒙が姿を現す(25)。それは、天上、つまり信仰の批判へと向かい、絶対的なものを地上へと引きずり下ろし、個別と普遍とのぴったりした統一を地上に実現しようとする(フランス革命)。ここでは、近代啓蒙の陰影があますところなく描き出される。自己の実現となるはずのものが、一転してその徹底した否定を生み出す。ここに、精神の展開の一大転機がある(26)。普遍を内面化した個人意識・ドイツの道徳意識の内的矛盾(27)は、告白を赦す良心の自己放棄に至って和解を成就する(28)。この章に描かれるのは、古代ギリシャ・ローマ、フランス、ドイツといった世界の歴史を投影した精神の歴史である。

21　世界に内在する精神――真実の精神・人倫

精神が世界に内在する

「精神」はまずもって「われわれ」である。これまでの意識の経験を踏まえた後、意識はすでに自分が個別存在と普遍的共同性との統一であることを認識するまでになり、こうして「我」ではなく、「われわれ」として現実化したのである。したがって精神となった意識にとっては、これまでの意識の諸形態はすべて精神の抽象態であることが明らかになっている。

「〔自分自身が〕いっさいの実在性であるという確信が真理にまで高められ、理性が自分自身を理性の世界として、世界を理性自身として意識することによって、理性は精神となる。……精神は自分で自分を支えている絶対的な実在的本質〔人倫的実体〕である。意識のこれまでの諸形態はすべてこの精神の抽象態である。それらは、精神が自分を分析し、自分の諸契機を区別し、個々の契機のもとにとどまるということである。これら諸契機をこのように孤立させる働きは精神そのものを前提にしている。」(*313*, 238-3; *314*, 239-15)

世界である理性は、客観的・即自的であるとともに、自覚的・対自的でもある。「精神」以前の意識は、「人倫的実体」と一致してはいなかった。ところが精神は、意識の動的な生成の運動をとおしてその一致を実現し、それ自身が現実に存在する共同本質・共同組織となっている。したがって精神は、あれこれの個人や、諸制度や文化にバラバラに分散しているのでもないし、すべてを高いところから支配する超越的な原理というのでもない。むしろ、世界に内在する普遍的な根拠である。

精神は個人の目的である

〈精神〉において公共の法則と個人の意識が一つになる。個人は公共のものを自分の本質とする。これが個人の拠り所になって、その存在の核を形づくる。この核となるものをヘーゲルは「自分自身で（sich selbst）」というときの副詞を名詞化して「自己（das Selbst）」と呼ぶ。この本質が個体に内在し、個体の存立を支える。

「現実的意識に精神が対立したり、あるいはむしろ現実的意識が対象的な現実的世界としての自分に立ち向かったりするのであるが、〈実は〉精神はこうした現実的意識の〈自己〉〈＝本質〉なのである。したがって他方では、この世界は〈自己〉に対しても疎遠なものという意味をすっかりなくしている。これに応じて〈自己〉も、世界から分離した……対自存在という意味をすっかりなくしている。精神は実体であり、普遍的で自己同一的な恒存する本質である。あらゆる自己意識の思惟された即自として、彼らの目的であり目標である。――この実体はまた、ありとあらゆる人の行為をとおして彼らの統一および同一として生み出される普遍的な作品（Werk）である。」（314, 238-29）

個人はこのように共同本質・共同精神を体現して共同体の成員であるときに、人間として現実的に存在する。人倫的実体のもとでは、共同体の精神は直ちに共同体の世界であり、個々人の主観も全体において客観と宥和している。この実体は、個々人の営みと対立したりそれを阻害したりするものではなく、個々人に存在を付与する本質であるとともに、個々人の共同の行為をとおして実現される「普遍的な作品」でもある。自己と実体とのこの宥和を意識的に自分のものとしていくのが、個人の〈自己〉発見の道程であり、個々人および共同体の目標である。

精神の現象としての世界の歴史

とはいえ、人倫的実体も不変・不動ではない。むしろ個々人の活動とともに運動する。運動するからこそ、「死せる実在ではなくて、現実的なものであり、生き生きとしている」(314, 239-14)。「区別が動くということはまさしく、統一がたえず生成するということなのである」(327, 248-34)。そこに属する諸個人および共同体の変化とともに展開しながら生成する統一体であるがゆえに、人倫的実体は精神なのである。したがってその展開は、もはや個々人の「意識の経験」にすぎないのではない。彼らの「意識の経験」の場である「精神の現象する世界」、すなわち実在する世界を投影した精神の歴史なのである。

「精神とは、それが直接的な真実態であるかぎりでは、ある国民の人倫的生活のことであり、一つの世界をなす個体のことである。この精神は、自分が直接的に何であるのか、それについて意識するまでに進まなくてはならないし、美しい人倫的生活を止揚して、一連の諸形態を経めぐって自分自身の知に到達しなければならない。ところで、これらの精神の諸形態が先行する諸形態から区別されるのは、それらが実在する精神であり、本来の現実態であって、単に意識の諸形態にすぎないのではなくて、世界の諸形態であるということによる。」(315, 240-1)

この「精神の現象」という発想の底では、あらゆる意識形態は社会意識であるという、まったく新しい思想がすでに誕生の声を上げている。

22　真実の精神——アンティゴネーの悲劇

人倫——人間の掟と神々の掟

精神の最初の形態は「人倫」である。これは「ある国民の人倫的生活」のなかに、つまりはその習俗や慣習のなかに息づいている現実的精神のことである。世界との統一を実現しているこの国民精神が各人の根拠であると同時に目的である。国民であることを意識しているときはもちろん、恣意的に行為する場合でさえ、人倫は影のように各人に寄り添い、その行動を律している。人倫は個々人を公私にわたって陰に陽に支え包摂する安定した均衡であって、個々人が人倫そのものに反抗して均衡を乱すと、正義の威力として立ち現れ、均衡を回復する。

普遍と個との、この親和的世界は、二つの掟によって統治されている。「人間の掟」と「神々の掟」がそれである。前者は、男たちが「市民（Bürger）」として参加する公共的世界を規定する人為的な法則である。後者は、家族という自然的・血縁的なものによって成立する私的な領域を規定する法則である。

ここでのモデルは、ヘーゲルが憧れつづけた古代ギリシャのポリスでの生活であり、人々と神々が織り成す、アイスキュロスとソフォクレスのギリシャ悲劇の世界である。ヘーゲルは男性の側の「人間の掟」と女性の側の「神々の掟」の対立という構図を用いてアンティゴネーの悲劇を読み解き、直接的な人倫の真理（ギリシャ世界）が解体・没落せざるをえない理由を提起する。一見あまりに恣意的・図式的なものに思えるこの構図は、解釈の手法としてはけっして凡庸なものではない（たとえばニーチェの「アポロ的とディオニュソス的」やツルゲーネフの言う「ハムレット的」と「ドン・キホーテ的」といった区別を思い起こすとよいだろう）。

人間の掟と神々の掟の対立

アンティゴネーは、反逆の罪で殺され国法に則って放置されていた兄の亡骸を葬った。これは国法に背く、個性に目覚めた女の行為のようにみえる。だが、自由な叛逆のようにみえる彼女の行為が、実は、家族の守り神・夜の神々への忠誠である。それは「理性」の章でみられたような普遍に対する個の犯罪ではない。

彼女自身が自然の法（フュシス）という一方の普遍を体現しており、国政の長である叔父のクレオンは国法（ノモス）という他方の普遍を体現して彼女を獄につなぐ。悲劇の常として、個と個の対立がそのまま普遍（自然の義《ただ》しさ）と普遍（公共の正義）の対立であり、人間個人の判断でいずれかに決着をつけることができないままに、対立する個人双方が相手を思いやりつつ没落していく。

なるほど「精神」の存立基盤は人倫の公共性にあって、公共性は制度という具体的なあり方、陽の下での定在＝国法をもつ。とはいえ、人倫を底辺で支える自然の血縁の絆は、国法を犯した家族（なかでも純粋なのがヘーゲルによれば兄妹関係である）でさえそのままに受け容れ、逆に公共の側に容喙《ようかい》する。もちろん公共の正義（「熟知された法」）を掲げる人間の掟の側は、かけがえのない家族の一員としてではなく、「個人一般」として犯人の罪を問わざるをえない。

「この精神は、本質的に自分自身を意識している現実性の形式で存在しているのであるから、人間の掟と呼ばれることができる。この精神は、普遍性の形式においては、熟知された法であり、現存する習俗である。個別性の形式においては、この精神は個人一般のうちでの自分自身の現実的な確信であり、統治としては単一な個体性としての自分の確信である。精神の真実は〈白日の下にある公共の妥当性〉、すなわち、一つの現実存在にある。この現実存在は直接的な確信に対しては、自由に放免された定在という形で現れる。しかしこの人倫的威力にして公共性には、神々の掟というもうひとつの別の威力が対抗する。というのも、人倫的な国家権力（Staatsmacht）は、自覚的な行為の運動としては、人倫の単一で直接的な本質の側に対立者をもつからである。現実の普遍性として、国家権力は個々人の対自存在に対する暴力（Gewalt）であり、現実一般としては、内なる本質に、

自分とは違う他者をもっている。」（319, 242-18）

神々の掟に従う本性（自然）的な家族（男女・親子）関係のなかから、自立した個人として市民（男性）が登場し、公共性の側で国法を制定する。それゆえ、国法はその根拠として、いまだ単一で未分な母なる大地・自然をもち、そのかぎりで、国家権力は「現実の普遍性」として、個々人に力を揮うことができる。ところが他方、市民一人一人が個人として自覚的に「白日の下で」（いわばいっさいを隈なく判明にする父なる太陽の守護の下で）承認していなければ、国法は有効ではない。つまりは、まさしく個別と普遍の対立が、しかも個別―普遍と未分―普遍との対立、あるいは「意識的なものと無意識的なものとの対立、知られているものと知られていないものとの対立」（332, 252-35）が、人間の生活、すなわち「人倫」の基本構造をなしているのである。

女性は共同体の永遠のイロニーである――ギリシャの人倫の解体

「美しき人倫的生活」においては、もちろんこの対立は均衡しており、対立としてはけっして顕在化しない。両者の親和的関係があるばかりである。だが、ひとたび行為がなされると、この均衡は必ず揺れ動く。行為はいつも「人倫的世界の静かな組織と運動をかき乱す」（331, 251-14）ものであるのに加え、家族の「最後の義務」として、神々の掟に従って国事犯の兄を埋葬したアンティゴネーの行為は、双方の掟の対立を回復不可能なまでにまったく先鋭化してしまう。

こうして家族と共同体との対立関係の本質が最も明白になる。前者の側からみれば、「個人の威力は抽象的な純粋に普遍的なものであることに、つまり大地的（elementarisch）な個体であることにある」（323, 245-26）。後者の観点からすると、「個人はただ市民としてのみ現実的で実体的なのであるから、市民ではなく家族に属しているような個人は、弱々しい非現実的な影でしかない」（321, 244-11）。家族と共同体、いわば女性の原理と男性の原理の対立という構図がくっきりと浮かび上がる。

女性は家族の幸福を第一義にし、男性は市民の義務を優先する。女性は共同体の母胎には違いないけれども、共同体を危殆に瀕せしめる最大の原因ともなりうる。なぜなら、共同体の存亡のときでさえも、女性は男たちを私的領域に連れ戻し、家族の平安を保とうとするからである。その意味で、女性は「共同体の永遠のイロニー」（340, 259-4）なのである。

こうしてギリシャの人倫は分裂し、解体していく。人倫の、自然的で直接的な形態であった以上、それはもともと解体する原因をうちに孕んでいたといえよう。その最大の原因は何といっても、この人倫が自然性に多くを依存しているがゆえに、個人の自覚的な行為を包摂できなかったところにある。この認識には、自然性よりも精神を重視する発展的歴史意識が働いている。この歴史意識の胚胎は、青年ヘーゲルが抱いていたギリシャへの憧れが断念されることでもある。

23　ローマの法状態

ギリシャの人倫的世界が崩壊すると、そこに誕生しているのは、「法状態」、つまり抽象的な人格と所有権という形で個人の存在が公共的に承認されているローマ法の世界である。

夜の掟が昼の現実となる

個人の人格の公共的な承認とは、夜の掟が昼の世界に出てくることである。ギリシャの世界で「純粋に普遍的に」、それゆえ昼の世界での個性をまったくもたず亡霊のように生きていた「弱々しい影」が、ローマの世界で昼の法則になる。それと表裏して、昼の世界の普遍的人倫の精神は死滅し、形骸化してしまう。堅実な秩序からなっていた人倫が死に体になって、万人の「平等」が可能になる。とはいえもちろんこの平等も形式的なものでしかない。

「普遍的なものは、絶対的に多数の個人というアトムへと分散してしまい、死せる精神となっているが、この死滅した精神（Geist〔亡霊〕）こそ、万人が各人として、すなわち人格として妥当する平等という場面なのである。――人倫の世界において、隠れた神々の掟と呼ばれていたものが、実際にその内面から現実に立ち現れている。人倫の世界においては、個人が現実に妥当し存在していたのはただ、家族の普遍的な血としてだけであった。このような個人としては、彼は自己をもたない死別した亡霊（Geist）であったが、いまや彼はその非現実態から歩み出てきてしまっている。」（342*f.*, 260-30）

個人は承認されて「法の前で平等な人格」となる。この人格の平等は、もともとは家族という血縁関係のなかで「自己をもたない死別した亡霊」として存在していた個人が、現実の場面に登場したものにほかならない。それゆえ、個人の個（体）性は具体的な関係を欠いたまったく抽象的なものになる。家族として無自覚に生きていた個人が無自覚なまま抽象的な人格に転化し、生ける人倫の精神が没精神的な形式的普遍性へと解体する。これが「法状態」の成立である。

個人を人格と呼ぶのは侮蔑することである

人格は生身の人間ではない。「法の前で平等な人格」に個性があったのでは具合が悪い。それだけで平等が意味をなさなくなる。社会的に承認され、存在を認められ、権利として通用するのは、個人の、個性をもたない人格という「抽象的な普遍性」の部分だけである。なぜなら、法状態で妥当する人格とは、実体と一体化した「人倫的世界の〈自己〉〈本質〉」ではなく、「冷やかな〈自己〉」にほかならないからである（343, 261-13）。

ここで「冷ややかな」と訳した spröde という言葉は「もろい、つれない、冷酷な」とか、「控えめな、取り澄ました」といった、意識にとっての近寄り難さ、疎遠さを表す言葉である。それはあたかも、延長をもたず、それゆえ他とまったく関係をもたない点（Punkt）のようなもの、「純粋に空虚な一（das reine leere Eins）」（344, 262-5）（これこそはまさに点の定義である）、つまりは〈絶対的な自我性＝私《わたくし》性〉といってよい。法状態の諸個人は、「人格としては、自分だけで存在しており、自分たちの点のように厳密な絶対的な冷酷さ（Sprödigkeit）に基づいて、他の人々との連続性を排除する」（346, 263-17）。とはいえ人格は、「非現実的な思想」にすぎないのではなく、延長するすべてのものの基本となる点と同じく、「現実に妥当する意識の自立性」（343, 261-17）、つまりは社会的な普遍的実在性をもつ。その空間的に具体的な現れが所有権（〈私のもの〉）である。

「この〈私のもの〉の現実の内容、もしくは規定性は――それが外的な占有〔物〕であれ、精神や人柄のもつ内的な豊かさや貧しさであれ――、この空虚な形式〔人格〕には含まれないし、この形式とは何の関係もない。その内容は、一個の独自の力〔皇帝〕に属する。その力は、形式的普遍〔共同体〕とは別物で、偶然と恣意である。――それゆえ法の意識は、それが現実に妥当するというそのことのなかにむしろ、自己の実在性の喪失と、

完全な非本質性を経験する。個人を人格と呼ぶのは侮蔑の表現である。」(344f., 262-20)

ローマの元老院議員や将軍といった金持ちたちと、マント一枚しかもっていないストアの哲学者との間には、同じ市民であるかぎり法的には所有権上の違いはない。まったく絶対の権力をもち、「すべての人に対抗する孤独な人格」である皇帝を前にすれば、なるほど万人の権利上の普遍性＝平等は明らかである。しかしこの平等は、〈私のもの〉といえる現実の内容には、つまり、実際の不平等には無関心であり、その意味ではまったく形式的なものである。むしろ、人格としての平等な法的権利を楯に、現実の不平等が肯定される。世を達観した哲学者ならばともかく、無一物の普通の市民にとって、人格としては誰もが平等なんですよ、といわれることは、自分の無能力を嘲笑されているのに等しい。

人倫の喪失

建て前としては個々人に人格と所有権が認められている。だが、実質的には平等などほど遠い夢、人々の間には連帯どころか関係性さえ稀薄である。人々に承認され、市民としての務めを果たして互いに支えあうことが個人の真の姿であるはずだが、法状態は逆に、人格として承認され認められることによって個人が自分自身から隔てられ、本質を失い転倒してしまう。

「自己意識がこのように〈人格として〉普遍的に妥当するということは、自己意識にとっては疎外された（entfremdet）実在性である。このように妥当するということは〈自己〉の普遍的な現実ではあるけれども、この現実はそれと同じくまたただちにその転倒であり、自分の本質の喪失である。——人倫的世界には現存していなかった〈自己〉の現実性は、人格へと引き下がることによって獲得されたのであった。人倫的世界では一つであったものがいまや展開されて、とはいうものの、自己疎外されて（sich entfremdet）登場する。」（346, 263-37）

ギリシャの人倫的世界には個人と共同体の親和的な一致（すなわち共同本質としての〈自己〉）は存在してはいても、その現実性が存在しなかった。ローマの法状態ではそれが、人格という形式にまで後退することによって獲得されたが、それと同時に共同体が形骸化し、個人が抽象化された。そして今度は、ギリシャで一つであったそれが、「自己疎外されて登場する」。これが「教養の世界」の近代社会である。

24 世界を形成し転倒する疎外

分裂のなかの統一

「法状態」は、個人と実体との間に実によそよそしい関係を生み出していた。世界は、一方に砂粒のようにバラバラになった群衆、他方に個人の生活から遊離した抽象的普遍〔法―権利〕に引き裂かれた。個々人は、共同の絆を失い、偶然のまっただなかに放り出されている。しかし、この現実は、なによりもまず、個人を自然のままにしながら、その個人が〈法的人格〉として承認されることと引き替えに生まれた。「自己意識自身の放棄（Entäußerung〔疎外化〕）、存在剝離（Entwesung）をとおして」（347, 264-27）、自己意識は、およそリアリティをもたない法的人格に引き下がる。対象的世界のありようは、まさに個人のこのありように支えられている。「この世界は潜在的には〔世界という対象的な〕存在と個体性との浸透である。世界のこのような定在は、自己意識のふるまいの帰結（Werk）である」（347, 264-20）。

ローマ帝政末期を思わせる悲惨さのなかで、個体は、根無し草のようによるべない。しかし、個体のありようとそれによそよそしい現実とは、分かちがたく結びついている。個体が変わることのなかに、世界の変貌する可能性がある。この現実の「否定的本質は、まさに自己にある。自己がその主体であり行為であり、生成である」（348, 264-31）。個体が法的人格にとどまるならば、なにも変わらない。個体が本当に己れを託せる拠り所、つまり実体が現実のものとなるためには、「人格からの疎外」（348, 264-33）、人格としてのあり方からの離反が行われなければならない。

「したがって、自己の実体は、自己の疎外化そのもの〔から現実化するもの〕であり、そうして疎外化が実体である〔実体にリアリティを与える〕。つまり、一つの世界にまで秩序づけて、自分を維持する精神的威力である。」（348, 265-2）

価値の転倒をとおして近代が生まれる

この〈自己〉は、伝統的な絆や価値観に縛られない。自己と本質存在（実在〔Wesen〕）、対自と即自（あるいは個別と普遍）が、バラバラに分離して、実に痛々しい光景が生まれた。しかし、そのかわり、「それだけで遊離した対象的現実」（348, 265-7）と、それについての意識が登場し、さらに「この外面的な現実は、自己の労働によるものである」（347, 264-26）という意識が生まれている。

分裂は、けっして無意味ではなかった。分裂が生まれたからこそ、〈自己〉は対象に自由に働きかける。とりあえず、すべてを懐疑にかけて世界に対し制作的に振る舞うデカルト的コギトを思い浮かべてもいい。もちろん違いはある。ここに姿をみせた〈自己〉は、人倫的共同の経験（「精神章A」）をくぐりぬけ、個別と普遍との和合を胸のうちに秘めている。「疎外（離反）」には、固定した秩序をたえず流動化し、形成し、反転させる独特の働きがある。あらゆる価値が転倒され、意味を失う。それまでの自明性が崩れさり、自己は、ようやく世界のうちで自由に振る舞う。めまぐるしい価値の転倒、近代はここから生まれる。

「この精神は、二重の世界を、分離し対立する世界を、自ら形成する。……〔現実世界の〕実在としての各契機は、その意識を、したがって現実性をある他方の契機から受け取る。この契機が現実的になると、その実在は、その現実性と違うものになってしまう。何一つとして、自己自身の内に根拠をもった精神をそなえていない。かえって自己の外に出て、自分とは異なる精神の内に存在する。」（348, 265-16）

疎外のさなかから近代の啓蒙的理性が生まれる

この舞台にこれから登場してくるものは、すべて二重化する。いずれも自分のうちに根拠をもたず、そのありようから離反してしまう。現実的な意識と純粋な意識とが分裂し、現実的な意識がかかわる国家と経済とが対立し、現実の世界と純粋意識の国（信仰の世界）とが闘争を繰り広げるのである。

「純粋意識」は、よるべなき此岸の世界を逃れ、救いを求めて彼岸の国を立てる。しかし、逃避は、かえって此岸へのとらわれをさらけだす。此岸の感覚的なものが、そおっと信仰のうちにまぎれ込み、疎外（離反）は、この世界をも引きずり込む。「この〔純粋意識の〕世界は、かの〔現実世界の〕疎外に対立しており、だからこそ疎外から自由ではない。かえって、疎外の別の形式なのである」（350, 266-28）。天上のものすら地上へと引きずりおろされる。教養をつんだ自己にとって、世界の内に自己の刻印を帯びていないものはない。啓蒙的理性は、疎外のさなかから姿を現す。ヘーゲルは、フランス啓蒙思想を念頭において、こう述べる。

「この第二の自己は、自分が行う疎外化から自分に立ち還り、普遍的な自己、概念を把握する自己となるであろう。……純粋な明察〔第二の自己、啓蒙的理性〕は、あらゆるものを自己として把握する。あらゆる対象性を消し去り、あらゆる即自存在を対自存在に変える。……現実があらゆる実体性を喪失して、信仰の国も実在的世界の国も崩壊してしまう。このような革命を、絶対自由がもたらす。」（*349f.*, 266-4）

疎外は個人を社会的存在にする

人は成長する途上で、実にさまざまな形で社会性を身につける。しかるべき振る舞いが身についていなければ、その人は変わり者扱いを受ける。ここには自己の自然性から身を引き離し、社会性を身につけるという一連のプロセスがある。「疎外（Entfremdung）」「疎外化（Entäußerung）」は、社会と個人とを独特の仕方で結びつける。

「自己意識は、自己自身から疎外されるかぎりで、ひとかどのもの（Etwas）になるし、実在性をもつ。自己意識は、こうして普遍的なもの〔社会で認められたもの〕として自分の〔身を〕立て、そしてこの普遍性が、その自己意識を通用させ現実的なもの（sein Gelten und Wirklichkeit）とする。」（351, 267-22）

自然的存在からの離反としての「疎外」には、自己を洗練する働きがある。さまざまな資格を張りめぐらす社会では、教養がものをいう。サロンは、その典型といっていい。「個人は教養をもてば、それだけ現実性と威力をもつ」（351, 267-33）。〈知は力なり〉（ベーコン）なのである。自然の種をもちつづけている人には軽蔑の言葉が投げられる。「〔フランス語の〕エスペース（種）は、『あらゆるあだ名のうちで最も恐るべきものである。それは凡庸を意味し、最高度の侮蔑を表す』（ディドロー『ラモーの甥』からの引用）」（352, 268-12）。教養は、疎外つまり自分からの離反から生まれる。自己は普遍化されるかぎりで、世間で幅をきかせることができる。

疎外は観念に生気を吹き込む

自分の主体的本質が外在化する。そして対象化されたものが主体と化して、自分に支配的威力として向かってくる。「疎外」は、ふつうこんなふうに理解される。この理解は、ヘーゲル左派の思想圏から生まれたものだ。ヘーゲル固有の疎外論を理解するには、この通説を退けたほうがよい。

ここでは、建て前（観念にすぎないイデアールなもの）あるいは本分としての「本質（実在）」が、自己から離れて自己の外に存在する。その間に必然的なつながりはない。自己の自然性からの離反もしくは放棄をとおして、自己をイデアールなものに適合させ、それに生気を吹き込み形成するもの、それがヘーゲルのいう「疎外」「疎外化」なのである。

「この世界では、自分自身を疎外化するもののみが、したがって普遍的なもののみが現実性を手にする。……個々人とのつながりで教養形成として現れるものは、実体における思想上の普遍性が現実性にそのまま移行することである。それは言い換えると、実体の単純な魂であり、ここから即自（抽象的普遍）が承認されたものになり、現に存在するものとなる。」

(352, 268-9)

あるがままの自分を投げ捨て、建て前としての大義や正義に身を投じる人がいるからこそ、それらはリアリティを帯びる。疎外をとおして、すかさず建て前としての実体が、現実化して諸個人に担われる。世界が動き出す。「自己意識に、動かしがたい現実が自分の実体であると確信して、この現実をわがものとしようとする」(352, 268-26)。

25 反転する価値、近代的啓蒙の生成

国権と富、高貴と下賤

「人倫的世界」には、調和のとれた国家と家族があった。それらはバラバラになって、生気のない「かたまり (Masse〔群〕)」と化した。あくまで個別的なものの根拠として、普遍(即自)を本領とする本質 (Wesen〔実在〕) と、普遍的なものを個別的なものに差し出し、個別(対自)を本領とする本質である。それぞれ、思想のうえで「善」と「悪」に、現実のうえで「国権(国家権力)」と「富」に結びつく。公共的普遍に善をみる教養の世界で、私的存在は悪であり、消し去られるべき継子として扱われる。

近代人は、自ら物事を判断し、推理的に結びつける。それは、伝統的な絆や価値観から自由な意識といってよい。ローマの「法状態」に登場した「自己」にはその萌芽があった。それら「自己意識は、これらの対象〔かたまり〕から自分が自由であることを知っている。それら

のうちのいずれかを選べると思っているし、何も選ばないこともできるとさえ思っている」(356, 271-6)。自己意識は、国権に善を、富に悪をみる。いったん自己意識が対象的本質について判断を下すと、一気に問題が広がる。

「国権は、そこで諸個人の本質が表明され、彼らの個別性が端的に、彼らの普遍性の意識になる絶対的な〈事そのもの〉である。国権は、諸個人の作品〔仕事〕であるが、彼らの行為から生まれたものということが消え去り、単純なものとなった結果である。……〔国権は〕変わらざる同一性によって〔お御輿《みこし》としてかつがれてお御輿の面目を保って〕存在する以上、〔他に依存する〕対他存在である。国権はそもそもそのまま自己自身の反対、つまり富である。」(355, 270-13)

国権は諸個人の自己犠牲から生まれると同時に、この〈担ぎ上げ〉に依存してもいる〔対他存在〕。国権は、この〈依存性〉のために、担ぎ上げる当事者の私物化の対象（富）に転じる。ところが富もすかさずそれ自身とは反対の顔をみせる。

「人々は、享受という契機において利己的に振る舞っているつもりでいる。……ところが、人々は享受〔消費〕において、万人に享受すべく与え、労働〔生産〕においても自分

のためだけでなく、万人のために労働し、また万人が彼のために労働している。」（355, 270-28）

人々は私的関心から労働や消費を行う。しかし、人々は多くの他の労働のおかげで生きている。この「もちつもたれつ」（400, 305-15）の相互依存性のうちに、「見えざる手」（スミス）が働き、現実的普遍を生み出す。

しかも「自己意識は、即自的〔普遍的〕であるとともに対自的〔個別的〕でもある。だから、国権と富に、二重の仕方でかかわらざるをえない」（356, 271-19）。自己は、普遍と個別、どちらも尺度にできる。また国権と富には、それぞれ即自と対自という二重の顔がある。この関係をトータルにとらえると、典型的な二つの意識が明らかになる。

一方は、二つの本質に広い心でのぞみ、国権におのれの本分をみ、富の恩恵に感謝をみる。もう一つは、国権に束縛と抑圧をみ、富に執着しつつその恩恵に軽蔑の念を抱く。「高貴な意識」と「下賤な意識」である。人格豊かな騎士・封建貴族と、せせこましい商人を思い浮かべてよい。国権と富、高貴と下賤、これらには、善と悪というレッテルが張られる。しかし、これらは、世界に動きが生じれば、図と地が代わるだまし絵のように反転するであろう。

貴族の奉公と絶対君主の誕生

高貴な意識は、人々の尊敬に何にもまして誇りと名誉を感じる。正義に身を投げうち、自己犠牲をいとわない。そのような行為は、とても庶民には手がとどかない。天下国家の大義をおのれの本分とする意識にとって、国権は「絶対的な根底」（355, 270-18）であり、善なるものである。貴族は、自発的で熱烈な「奉公のヒロイズム」（360, 274-17）をとおして、身すぎ世すぎへの埋没から離反し（疎外）、私事を捨てて（疎外化）、大義にふさわしい人士たらんとする（教養形成）。

国権は、熱心な担ぎ手がいなければ、ただの「思想のうえでの普遍」にすぎない。しかし、ひとたび人の心をとらえるや、「存在する普遍的なもの、つまり現実的な権力」（360, 274-26）になる。自分からの離反（疎外）をとおして、イデアールな本質にふさわしい担ぎ手が生まれて、それがこの担い手に担がれて〈受肉〉する（〈お御輿担ぎの構造〉）。

こうして、国権は現実化する。といっても、そこにはさまざまな意見を裁き「決断する主体」が欠けている。「対自存在〔私心〕は、諸身分〔三部会や民会〕の腹に隠された本心であり、それは、公共の利益を口にしながら自分のために自分の特殊な利益を確保しておく」（361, 275-15）。これは、「誇り高き封臣」（361, 275-5）にもあてはまる。

人々の称賛を意識するところ、自己へのこだわり（私心）がある。ただ、公共的普遍への献身と、下心、意識の内なるこの分裂は、封臣の本意ではない。もしそうなら、この意識は、常に下心、ひいては謀反の意志をもつ下賤な意識と少しも変わらない。「へつらいの言葉」がほかならぬ君主への忠誠を証し立て、臣下としての栄誉を得させる。このことが、とりもなおさず君主を担ぎ上げ、絶対君主とする。

「追従の言葉は、君主に固有の名前を与えることによって、……その個別性を純粋な存在にまで高める。……個別者〔君主〕は、自分の意識においてのみならず万人の意識のうちで、純然たる〔絶対的な〕個別者として通用する。」（365, 278-12）

精神の「言葉」は、心の内をさらけ出す。「高貴な者〔貴族〕たちは、装飾品のように玉座のまわりに群がり、玉座に座るものに向かって、彼が何であるかをいつも口に出して言う」（365, 278-23）。君主は大きな吸引力になり、貴族は宮廷貴族になりさがる。国権は、一人の君主の名によって世に知らしめられる。〈朕は国家なり〉（ルイ一四世）という自覚が、ここに生まれる。

国権は富に転倒する

こうして、高貴な意識の徹底した献身から、国権は絶対君主において岩盤のように堅固になった。しかし、このことは、献身という担ぎ上げなしには成り立たない。国権は、いともたやすく、〈他に依存する〉自立性になってしまう。「国権は、〔一転して〕自己から疎外された〔離反した〕自立性となる。そもそも国権固有の精神〔君主〕は、高貴な意識の行為と思いを犠牲にして、自分の現実と栄養を得ているからである」(365, 278-32)。
国権は、もはや彼岸性をもつ崇高な大義ではない。それどころか、高貴な意識は、誇りと引き換えに物質的な手当てや恩賞を「取り戻している」。「権力の疎外化（放棄）」(366, 279-11) である。国権は空洞化して、貴族の側に実権が移る。国権は、いまや「自己意識の契機」に、つまり高貴な意識の〈食いもの〉に反転する。

「それゆえ国権はいまや、〔個人の享受するものとして〕犠牲に差し出されることを、その本領とする実在となっている。すなわち国権は富として実存する。国権は、富に対立しつつ一個の現実として存立しはするが、概念〔核心〕からいえばいつでも富になる。」
(366, 279-6)

反転するのは、これだけではない。「名誉〔体面〕を保ちながら我意をもちつづける」(366, 279-22) 高貴な意識と、下賤な意識との間には、なんら違いがない。高貴は下賤である。アンシャン・レジームの価値秩序は、大きく揺らぐ。

高貴は下賤、下賤は高貴

これらうわべの背後に、新たな世界が動き始めている。富にとって、個々人のために用いられること、個人の享受（対自）が本領であった。富は、これまでの世界を呑み込むように、独自の威力となって、日陰から日向に躍り出る。「富は、〈個人の享受のために〉自分を犠牲にするという使命を果たした。そのことによって、……富は、〈自立的な〉普遍性あるいは実在となる」（369, 281-13）。即自の顔をもつ富に〈悪〉というレッテルは、ふさわしいものではない。

この富を舞台に、これまでにはなかった新しい意識形態、富める者とそれに寄食する者が登場する。彼らは、賤しい点で変わりはないが、前者は「おごりたかぶり」うわべしかみない。「富める者は、他の自我の内面的な反抗を見落としてしまう」（369, 181-29）。他方、後者の〈自己〉は、この他者（富める者）にすっかり握られて、まったくの気まぐれにさらされる。「この人格は、すっかり引き裂かれている」（370, 282-22）。自己は自己でありながら、他者の自己となりはてる。深刻な自己分裂がおおう。自己であり自己でないという端的な反転ないし転倒は、実はこの世界のありようを、最もよく映し出している。

「〔現実世界の〕精神は、現実〔国権と富〕と思想〔善と悪〕における絶対的な余すところなき転倒であり疎外である。……これらの契機は、いずれも互いに他方のものに転倒

し、自己自身の反対になる。」（371, 282-31）

屈辱と分裂のまっただなかで反抗に立つ意識は、これらの転倒を、誰よりもよく知っている。「類いまれなしなやかさ（Elastizität）」（368, 281-4）をもって、引き裂かれては抗いながら自己を回復する。「下劣さは、自己意識がもつ最も教養ある自由の高貴さへと転換する」（371, 283-10）。

ラモーの甥の分裂した言葉

ヘーゲルは、ゲーテが一八〇五年に訳したばかりのディドローの『ラモーの甥』のうちにこの典型をみた。身をもちくずし寄食するこの道化者は、自分にかぶせられる規定をするりと抜け出してしまう。

「その語り口は、『慧眼と狂気ごちゃまぜのたわごとであり、あれほどの老練と下劣、正しい観念と虚偽の観念、感情の完全な倒錯、まったくの恥知らず、底抜けの率直さと真実、それらが入り混じったもの』として現れる。」（373, 284-5）

ここには「精神（エスプリ）豊かな言葉」（375, 286-14）があるという。むしろ、話し相手の「誠実な」哲学者のほうが、善や高貴の固定観念にとりつかれ、価値の転倒にたじろいでしまう。「没精神的」なのは、「精神豊か」にみえる哲学者のほうであった。

あらゆるものが価値の転倒に襲われる。本当に自立的であり、拠り所たりうるもの、それは「純粋な自己」(376, 286-16) 以外にはない。この確信からすれば、この世界でこだわるに値するものは何もない。「あらゆる事物が空であることは、〔とりもなおさず〕自分自身の空である」(375, 285-31)。

純粋意識の国――信仰と純粋な明察

自己と普遍的本質(実在)がぴったりと合一する。〈自己〉の変わらざる思いは、ここにある。純粋意識は、混沌とした現実を逃れて、「純粋意識の非現実的な世界」(376, 286-29) を立て、これを果たそうとする。「絶対実在についての純粋意識」(378, 288-2)、つまり信仰の境地である。しかし、「意識は、現実から純粋な意識に歩み出たが、いまだ概して現実の領域と限定のうちにいる」(376, 286-33)。この意識は、現実と対立しながら、現実をそのままにして〈逃避〉した。せっかく思惟の境地に入りながら、無意識に五感の働く現実を信仰のうちに受け入れてしまう。

純粋意識は、すかさず自分自身の反対にとりつかれる。「信仰は純粋意識の一方の側面にすぎない」(378, 288-7)。教養の世界の〈成果〉、つまり「純粋自己意識」である。この

「普遍的な自己」(378, 288-16) は、〈自己〉の普遍性を確信し、自己にとってよそよそしい対象から対象性を剝奪して、あらゆるものに自己の刻印をしるそうとする。これは、「純粋な明察 (reine Einsicht)」ともいう。「ここには二つの側面がある。①対象的なものはすべて、ほかならぬ自己意識という意義をもつ、そして、②自己意識は、普遍的なものであり、純粋な明察がすべての自己意識自身のものになる〔共有される〕べきだという」(382, 291-20)。

「純粋な明察は、すべての自己意識にこう呼びかける。……理性的であれ」(383, 292-12)。ここに近代的「啓蒙」の積極的要求が掲げられる。啓蒙は、信仰に戦いを挑む。

26　近代的啓蒙の光と影——天上の批判、地上の革命

信仰は啓蒙の批判をかわす

啓蒙が、信仰の対象、信仰の根拠、その実践である礼拝や勤行に向かうや、たちまち「〔信仰そのものとの〕暴力的な闘い」(388, 296-15) が始まる。しかし、啓蒙には、理性にそぐわないものに立ち向かう否定性しかない。「それゆえ、対立するものとの闘いは、とりもなおさず理性の現実化という意義をもつ」(389, 296-32)。闘いのうちで、理性は自らの姿を現す。

信仰は、その対象を自分とは別のものだと思う。そこには限りない隔たりの感情がある。そこを突いて、啓蒙は、「絶対実在〔神〕」は実は「つくりごと」「錯認（Irrtum）」だという。

「信仰にとって絶対実在（本質）であるものは、信仰自身の意識に根ざす存在であり、信仰自身の観念であり、意識が生み出したものだ。」（390, 297-25）

まるでフォイエルバッハを思わせる口ぶりである。啓蒙にとって、純粋な明察の及ばないものはない。よそよそしいものは、すべてまやかしにすぎない。

ところが、信仰は、「信頼」をとおしても対象にかかわる。対象と自分の間に少しも隔たりがない。信仰は、信頼をとおして対象とぴったり一つになる。「この意識は、純粋な実在のうちで自己を喪失するどころか、……そのうちに自己を見出している」（390, 297-32）。啓蒙の批判は、信仰の肩透かしにあって、うわすべりしてしまう。そこで、啓蒙は手口を変えて、こう批判する。

「啓蒙は、他面で、信仰の〔絶対〕実在は、自己意識にとってよそよそしいものであり、自己意識自身に根ざす実在ではなく、『悪魔の取り替え児』として〔坊主どもによって〕こっそりすりかえられ押しつけられたものだ、という。……啓蒙は舌の根が乾かないのに

〔前とは〕正反対のことを表明する。啓蒙は、意識的にまやかしを口にするのは自分のほうだということを、信仰に対して示している。」

(391, 298-27; 392, 299-1)

啓蒙は、「正反対」のことを、つまり一方で神を意識の所産といい、他方で外在的な所与という。啓蒙は、信仰の二面性にふりまわされる。その登場は、けっしてスマートではない。

啓蒙が手にするもの——有用性

啓蒙は、感覚的なものを超えた「聖なる精神」が宿る「石像や木像」、聖餐式《ミサ》の「パン」に、「ありきたりのもの」(393, 299-35) しかみない。はたまた、精霊の証したる『聖書』などの史実的証拠に、「あるなんらかの出来事についての新聞報道」(394, 301-8) 程度の偶然性しかみない。「自然な享受と充足にとらわれない、いっそう高次の意識」(395, 301-36) をめざす勤行や喜捨のうちにも、啓蒙は愚かさしかみない。これらは、信仰からみれば、必ずしも当たらない。

ここで啓蒙は、地上の感覚的なものに身をおいて、信仰に光を当てていた。啓蒙は、自分のほうが感覚的なものに固執して、「自然な享受と充足」にとらわれていることをさらけ出してしまう。啓蒙の闘いは、徒労に終わったかにみえる。

しかし、なにも得られなかったわけではない。啓蒙にとって、あくまで木は木であり、石は石であり、パンはパンにすぎない。絶対実在を形づくる規定は、次々と剝ぎとられ、地上に引き戻される。「啓蒙にとって、絶対実在は真空になる」(397, 303-6)。この裏返しとして、「意識であれ、どんな存在であれ、その個別性は、まったくそれ自身で存在する」(397, 303-17)。感覚的なものは、天上に捧げられる空しいものではない。感覚的なものが、鮮やかに地上に広がる。啓蒙は、空無と化した〈即自〉と現実をつなぐ力となる。

「〔此岸としての〕現実を、彼岸としての即自に関係させることは、この現実を否定することでもあり、肯定することでもある。厳密にいえば、有限な現実は、それゆえまさに〔肯定するもよし、否定するもよし〕人のお好みのままに解されていい。」(398, 304-12)

ここに生まれる結びつきは、肯定的でもあり否定的でもある。このありようが、自己と彼岸、自己と他者、自己と共同体、これらすべてを包み込む。それだけである〔即自〕とともに他に対してある〔対他〕——ヘーゲルは、このありようを〈有用性〉と呼ぶ。功利主義を示唆する〈有用性〉をとおして、人間は、世界のうちで独自の地位を手にする。

「すべてが、即自的に〔それだけで〕存在するとともに、対他的に存在する。要するに、すべてが有用である。……人間は、この関係を意識した物であり、こうした人間に対して、ここから人間の本質と地位が結論として出てくる。人間は、そのままの姿で善であり、個別的でありながら絶対的であり、他者は彼のために存在する。……人間は、神の手からやってきたときのように、世界のうちを、人間のために手入れされた庭〔エデンの園〕にいるかのように闊歩する。」（399, 304-24）

有用性が、自己、他者、世界を結ぶ。〈自己〉の対象は、すべてなじみあるものとなった。人間は、世界のうちで卓越した主体となる。有用性をとおして、人と人との交わりのうちに節度が生まれる。「もちつもたれつ」（400, 305-15）。有用であること、ここに、私益が公益に転じる近代市民社会の典型的な意識がある。「人間の使命は、団体の公益に有用で、普遍的に役立ちうる成員になることである」（399, 305-12）。

二重の目、二重の舌——信仰の揺らぎ

信仰は、すべてを「曲解する」啓蒙の批判に耐えた。木は木、パンはパンにすぎないと、啓蒙はいう。「啓蒙の肯定的な結論は、信仰にとってもちろん身の毛もよだつ」（400, 305-25）。しかし、信仰も、木が木であること、パンがパンであることを認める。信仰に、啓蒙を打ちのめす力はない。「信仰は、現実の彼岸と、あの彼岸の純然たる此岸とをもっている」（403, 308-10）。信仰は、この間を揺れ動く「分裂した意識」であった。

「信仰する意識は、二重の物差しと秤《はか》りをたずさえ、二重の目と二重の耳、二重の舌と言葉をもっている。この意識は、あらゆる表象を二重化しながら、それらを比較しない。要するに、二重の知覚のうちに生きている。……啓蒙は、天上の世界を、感覚的世界の諸表象を用いて照らし出す。信仰は、この有限態を否定することができない。」(406, 310-10)

この〈二枚舌〉を信仰に思い知らせ、二つの世界の隔たりを自覚させる点に、啓蒙の威力はある。ただし、「啓蒙は、信仰の態度の一方において他方を思い起こさせるだけである」(401, 306-16)。ここに啓蒙の一面性がある。啓蒙の〈自己〉は、自己が他となりながら自己であるという「概念の否定性」を秘めている。しかし、二つの対立する契機の総合に気づいていない。

ともあれ、いまや啓蒙の「照明に照らされて、至るところに個別的な存在が発生した」(406, 310-27)。感覚的なものから天上までは、限りなく遠い。信仰のもつ美しい統一は引き裂かれた。「信仰はまったくの憧憬であり、その真理は、空虚な彼岸である」(406, 310-31)。こうして、「信仰は、自分の境位を満たしていた内容を失い、精神自身のもうろうとした営みのうちへと沈み込む」(406, 310-22)。

勝利の証し、啓蒙の内部分裂――理神論と唯物論

信仰は影をひそめる。啓蒙は敵の原理（信仰の絶対実在）を取り込み、勝利を収めた。ところが「絶対実在」をめぐり、内部分裂が生じる。党派は相手の没落とともに、一面性を克服する。しかし党派には抗争の相手がつきまとう。勝利は、新たな分裂と抗争の始まりである。

「啓蒙そのものが、かの絶対実在をめぐり、……自分との闘いに入り、二つの党派に分裂する。ある党派が勝利したことは、それが二つの党派に分裂したことからわかる。というのも、そこで勝利を収めた党派は、自分が闘ってきた原理を自分自身の所有として、こうして一面性を廃棄したことを示すからである。」（408, 312-2）

「絶対実在」は、一方で「純粋な思惟そのもの」「述語をもたない絶対者」（〈知られざる神〉、409, 312-32）、他方で「純粋物質」と呼ばれる。前者は理神論であり、後者は唯物論である。ヘーゲルの念頭には、ロビネやドルバックがある。

みかけとは裏腹に、両者にはなんら違いがない。「純粋物質」は、感覚的なものをすべて捨象（抽象）した「純粋な抽象物」、つまりは「純粋な思惟そのもの」（410, 313-20）であり、それに対して「述語をもたない絶対者」、つまり「意識にとって否定的にあるものは、

〔無関係どころか、否定的という形で〕同時に意識に関係してもいる」。それは、意識にとって「外的に存在するもの」(*410*, 313-12) という点で、「純粋物質」となんら変わらない。こうして「二つの考察方法は一つになった。……二つの抽象的な契機が、二つの考察方法の対象のうちで合一したからである」(*411*, 313-34)。

啓蒙は世界をとらえた

もうここに、〈自己〉の手の及ばない彼岸は存在しない。彼岸性をもち、自己に対して立てられた〈即自(そのもの自体)〉は、ただ呼び方に違いがあったにすぎず、いずれも〈対他〉に転じてしまう。「〔超然とした〕天上は、地上へと移されている」(413, 316-8)。世界の至るところに、自己の刻印がしるされた。即自―対他―自己をつなぐ「有用性」は、その証しでもある。こうして「純粋な明察」は、現実の世界のうちで、〈自己〉の実現にしっかりした手ごたえをつかんだ。

「自己意識は対象を〔くまなく〕見透し、自分自身だという個別的な確信をその対象のうちにもっている。有用なものとは、そうした対象である。……自己意識は、〔いまや対象が〕自分自身だという、普遍的確信を抱いている。」(*413*, 315-38)

普遍性を確信する自己の実現――絶対自由と恐怖

この仕事は、フランス革命が担う。「有用なもののもつ対象性の形式を撤回することは、潜在的にはすでに生じており、この内的な変革〈内的な確信〉から、現実的変革つまり絶対自由という新しい意識形態が出現する」（414, 316-19）。〈自己〉は、世界をくまなく見透し、そこに自分自身をみる。「普遍的な自己」（415, 317-17）である。「世界は、この自己意識にとっては、端的に自分の意志であり、この〈世界を自己とみる〉意志が、普遍的な意志である」（415, 317-19）。この確信をもった〈自己〉が、そのますんなり共同体全体の意志（普遍意志）となる。

いまや〈自己〉は、自らの主権を打ち立てる。「絶対自由という〈単一〉不可分な実体は、なんら権力の抵抗を受けることもなく、世界の玉座に高められる〈フランス革命〉」（415, 317-27）。身分や社会組織がすっかり崩壊し、自己と世界とはぴったり一致する。一人一人が、普遍意志に直接参与し、普遍意志を自覚的に担う。ヘーゲルの念頭には、ルソーの「一般意志」論がある。

「普遍意志は、現実に普遍意志であり、すべての個々人の意志そのものである。……各個人は、常にすべて分けあわずに行う。〈共同体〉全体の行為として登場するものを、各個人が直接、意識的に行う。」

（415, 317-20）

個人が、全体を分割した、ある限られた職務を担うとする。すると、個人と全体との直接無媒介の関係が失われる。それらの間から、すべてが撤去される。そのため自己は、具体的な法律や制度をもつ「肯定的な仕事（作品）」（417, 318-29）を生み出せない（アナーキー）。〈自己〉の内的な確信は、なんの媒介もなしに普遍的なものなのである。この実行は、美しい共同を吹きとばし、凄惨な光景をもたらしてしまう。ルソー人民主権論の光と影が余すところなく描かれる。

〈普遍意志〉を現実のものとするなら、それは、「個体性の一者に収斂せざるをえない〈ロベスピエールの独裁〉」（418, 319-21）。〈普遍意志〉は、統治者であるこの一者の手に収まり、他の者はすべてそこから排除され、ただの「個別的な自己」にすぎなくなる。しかし、個別的なものは、この普遍意志といささかの隔たりをもってもいけない。〈個別的なもの〉は、たえず抑え込まれ、殲滅されざるをえない。

「これら両者の関係は、……なんの仲介もなしに純粋に否定することであり、普遍的なもののうちに存在する個別的なものを否定することである。普遍的自由のなしうる唯一の仕事と行為は、それゆえ死である。……この死は、きわめて冷酷、かつ平板な死であり、キャベツの頭を割るとか水をひと飲みする以上の意味をもたない。」（418*f.*, 320-6）

自己を普遍意志にいきなり無媒介に結びつける絶対自由は、テロリズム、「死の恐怖」(419, 321-1) をもたらしてしまう。ここには、無意味しかない。しかし、この経験のうちに重要な転換がある。諸個人は、〈普遍意志〉のすさまじい威力に打たれ、新たに形成されつつある現実のうちで、それぞれの職分を受け入れ、「実体的現実性へと立ち還る〔ナポレオン体制〕」(420, 321-24)。フランス革命の栄光と挫折、この時代経験はヘーゲルの思索のうちに深く刻み込まれる。

精神は蘇生して純粋知へと高まる

「絶対自由」の意識は、普遍意志のうちで、自己を見出し、肯定されるはずであった。ところが、身にこうむったものは、名状しがたい「まったく無意味な死」であった。真に現実に値するものが、「空しい無」(421, 322-6) となって、「絶対自由」の意識は奈落の底に転がり落ちる。しかし、この否定は、一転して肯定に転じる。

「普遍意志は、純粋に否定的であるがゆえに、純粋に肯定的である。……意識にとって消失するものは、実体を欠いた点〔自己〕という抽象的な存在である。……意識は、〔具体的現実をくまなく経験したあとで、対象的現実という境位を超えて〕純粋な知あるいは純粋な意志となるかぎりで、自己を普遍意志として知るのである。」

（421, 322-22; 422, 322-27）

自己は、普遍意志との直接的な統一を、この現実のうちに求めはしない。絶対自由は具体的な世界とのかかわりを、行きつくところまで行きつくし、「純粋な知」の境地に蘇る。普遍意志であることの確信は、「純粋な知」の境地に舞台を移す。「絶対自由は、自己破壊的な現実から自己を意識する精神〔道徳的世界観〕という他の地に移っていく」（422, 323-16）。

27 道徳意識は欺瞞的である——自分自身を確信する精神・道徳性

「自由であること」の知——主体が実体である

フランス革命の成果がドイツ観念論に引き継がれる。革命の挫折が道徳的主体の誕生の契機となる。革命において「絶対自由」の恐怖を経験した精神は、一般に外的対象から、それゆえ現実からの自立を遂げて「自分自身を確信する」に至った。「それゆえここでは、知はついにその真理と完全に等しくなったようにみえる。知の真理はこの知それ自身であるからである。そしてまた知と真理の両側面のすべての対立は消失した。しかも、われわれにとって、もしくは即自的に消失したのではなくて、自己意識それ自身にとって消失したのである」(423, 323-32)。

自らの外部に権力や富を求めたり、彼方の天国や真理に憧れたりした「疎外」の経験から、精神はいまや自分の内面へと立ち還り、〈自分自身において自分が真理であること〉を知る。それは、人倫的世界において外的にとらえられていた共同本質が内面化されたということである。しかも、内面化されたその本質を、内面化されたことそのことも含めて精神が自分のものとして確信するということである。つまりは、自由な知る主体が自分を普遍的な実体として自覚したのである。

「したがって、自己意識にとっては、自分の知が実体そのものである。この実体は、自己意識にとっては、一つの不可分な統一において、直接的なものでもあると同様、媒介されてもいる。……この自己意識は、自分に教養を与える意識や信仰する意識と同じく、絶対的な媒介である。というのも、自己意識は本質的に、直接的な定在の抽象を止揚して、自ら普遍的なものになるという、〈自己〉の運動だからである。……〔それと同時に〕自己意識は、それ自身にとって直接的に、自分の実体のうちに現在している。というのは、この実体は自己意識の知であり、自己意識それ自身の直観された純粋な確信だからである。自己意識自身の現実であるこの直接性が全現実である。」　(423*f.*, 324-5)

精神は「知（知ること）」として、自らの存在の根拠を自分自身のうちにもつと同時に、知る働きとして現実そのもののなかで生き生きとして現在的である。しかも、精神は単純に自己完結した閉じた実体なのではない。精神は〈自己〉の運動をとおして対象世界を、そして彼岸さえをも、自らの本質（つまりは〈自己〉）として経験し、すでに知っている、「媒介された現実」である。その意味で世界との一体感を実現しており、それゆえ根本において自由なのである。

「絶対的な実在は、思惟という単一な実在であるという規定で汲み尽くされはしない。それはいっさいの現実であり、しかもこの現実は知としてのみ存在する。意識が知らないようなものは、意識にとってはいかなる意味ももたないだろうし、いかなる力ももつことはできない。いっさいの対象性と世界とは、知の〈知る意志〉のうちへと引き戻されたのである。意識が自分の自由を知っているという点で、意識は絶対的に自由であり、まさしく自らの自由のこの知こそ、意識の実体であり目的であり、唯一の内容である。」

（424, 324-21）

自由において意識は主体的に自分自身で存在することを知る。精神の現実、そして現実との一体感とは、あくまで「知」としてのそれであって、その立場は、〈自由とは自由の知である〉という主体（観）性の観念論、すなわちカントとフィヒテの道徳哲学、道徳思想のそれである。これによって精神は「ドイツの精神の国」へと歩を進めたことになる。

道徳的世界観の自己矛盾

意識は、純粋に自分の内面で自由に行為の法則を定立する道徳意識である。したがってこの道徳意識は、これまでのように外的世界に制約されることなく「自己完結的に」、自分で定立した義務にのみ従う。「自己意識は義務が絶対的実在であることを知っている。自己意識は義務のみに拘束され、〔義務という〕この実体は自己意識自身の純粋な意識である。義務は自己意識に対して疎遠なものという形式をもつようになることはありえない」（424, 324-30）。

道徳意識は義務を、自らの本質と知っていてのみ、これを義務として行う。これは「理性」における道徳法則の空疎な同語反復ではない。義務として意識されるものは、現実的にも根底的で普遍的なものだからである。義務に対する純粋な尊敬の念に基づく点で、道徳意識は比類のない尊厳をもつ。

けれども、徹底して普遍的な義務を求めると、かえって現実との乖離を結果するばかりである。なぜなら、道徳意識にとっては、義務にかかわらない現実など無意味だからである。というよりも、道徳意識が、自己完結的である以上、乖離はすでに決定的である。「自己完結的」ということは、他に対して「完全に自由で没交渉」だということだからである。だから道徳意識が自由であればあるほど、現実はますます無関係なものになっていく。

「しかし、こうした意識はこのように完全に自己完結的なのであるから、この他在〔現実・自然〕に対してまったく自由で没交渉であり、それゆえ他方で、定在も、自己意識から完全に自由になった定在、つまり自己意識と同じくただ自分自身にだけかかわる定在である。自己意識が自由になればなるほど、その意識の否定的な対象もますます自由になる。この対象はこうして、独自の個体性となって自己完結した世界であり、固有の諸法則をもった自立的な全体でもあれば、これらの法則の自立的な行程にして自由な実現、すなわち自然一般である。」 (*424f.*, 325-6)

こうして、道徳意識が内面に沈湎するにつれて、一方に義務の法則、他方に現実の自然の法則が、まったく無関係に存在するようになる。

ところで、道徳意識は幸福という契機と無関係ではありえない。道徳意識が義務の実現を目的とするのは、「現実的で活動的な」個別主体としてである。つまり個人は、その目的が自分に実現できたか否かを個人的に「享受」するのであり、これを直観して得られるものが「幸福」にほかならない（426）。たしかに、義務を義務としてめざす純粋な道徳意識、つまり道徳性には享受は無縁であるようにみえる。しかし、享受は「道徳性の現実化という概念のうちに含まれている」(426, 326-9) のであってみれば、それは道徳性の概念にもすでに含まれていることになる。なぜなら、道徳性それ自身が、「行動と対立する心構えにとどまることをではなく、行動することを、すなわち自己を実現することをめざしている」(426, 326-10) からである。

道徳意識がどれほど高邁なことを述べようと、実際に求められるのは、幸福との一致である。これは義務の法則と自然の法則との一致、道徳性と自然との調和といってもよい。もちろん、現実に道徳意識が経験するのは一致でも調和でもなく、むしろ分裂・乖離でしかない。そこでこの意識は調和を要請することになる。

「道徳性と自然との調和、あるいは……道徳性と幸福との調和は、必然的に存在しているものと考えられてはいる。すなわちその調和は要請されている。というのも、要求するとは、まだ現実的には存在していないものが存在していると考えられるということを表現するものだからである。」(426, 326-19)

ここで俎上にのせられているのはカントの道徳思想である。カントは道徳法則を導出するにあたって、「幸福の追求」を厳しく退けた。幸福はたしかに人間の自然的な願望ではあるが、快・不快に左右される経験的なものでしかないから、普遍的な原則にはなりえない。なによりもまず道徳的であること、そのためには感性的な現実世界はもとより、衝動や傾向性といった意識内部の自然的なものさえ排除し、純粋意志にのみ従って自由でなければならない。ただ道徳法則に基づく義務にのみ発して行為するのでなくてはならない。これがカントの道徳性の根本思想である。

ところがそのカントが、道徳と幸福の一致としての「最高善」の実現を要求し、そのために「神の存在」を要請する。カントは一方で幸福を退け、他方で幸福を求めているのである。ヘーゲルによればここには根本的に「すりかえ・ずらかし」の論理が働いている。道徳意識（実践理性）の優位を説くカントの「要請」の概念が、そもそも自己矛盾的だというのである。

要請論の正体と「すりかえ」の論理

「道徳的世界観」は三つの要請からなっている。第一の要請は右にあげた「道徳性と幸福との一致、すなわち最高善」の要請である。第二の要請は「理性と感性の統一、つまり無限の進歩」の要請であり、第三が「対立を最終的に調停する神の存在」の要請である。ここでの要請論はカントのそれと一致しない。カントが要請するのは、自由、不死（霊魂の不滅）、そして神である。カントでは道徳的理念の完全性の要請が現実を導き、自然・現実は理念に従属する。ヘーゲルの「道徳的世界観」では理念と現実、自由と自然との一致と調和が一貫して追究される。もとよりその一致はなお不十分なものである。というより、むしろ、さまざまな混同や転倒の連続である。道徳的世界観はいまだ「表象」段階にとどまっているからである。

「この意識自身の現実も、すべての対象的現実も、この意識にとってはなるほど非本質的なものとみなされる。しかし、この意識の自由は純粋な思惟の自由なのであるから、この自由に対しては同時に自然が、この意識と同様自由なものとして生じてきている。両者、すなわち存在の自由と、存在が意識のなかに包まれていることとが、等しい仕方でこの意識の内にあるのだから、この意識の対象は、存在するものとして生じてはいても、同時にただ考えられたものにすぎない。この意識の直観（Anschauung）の最後の部分においてて内容は本質的に、〈この内容の存在とは表象されたものである〉、というように定立される。」(432, 331-1)

道徳的世界観が「直観（Anschauung）」であるのは、その表象性ゆえである。そしてここに、この要請の正体が示される。つまり理念と現実、自由と自然の一致が、観念として表象されるにすぎないというわけだ。ここから果てしない欺瞞と矛盾が生じる。

ヘーゲルは、「この世界観は、この場に最もふさわしいカントの表現を用いるならば、没思想的な矛盾の全巣窟である」(434, 332-27) と述べている。「矛盾の全巣窟」という言葉は、カントが「宇宙論的証明」と呼ばれる神の存在証明を批判するときに用いた言葉である。だから「この場に最もふさわしいカントの表現を用いれば」というのは、カントへの当てつけである。それにしても「没思想的な矛盾の全巣窟」とは――。

まず第一の要請、道徳性と自然(幸福)との調和。出発点は、「現在に、道徳性が現前しているものと想定され、現実は、道徳性と調和していない、というように設定されている」(435, 333-13) ということである。そこで道徳意識が行動を始めようとする。するとそこに直ちに「すりかえ」が起こる。なぜなら、「行動というのは内なる道徳目的の実現にほかならず、目的によって規定された現実を生み出すこと、すなわち道徳目的と現実そのものとの調和を生み出すことにほかならない」(435, 333-17) からである。調和が存在しないということが前提であったはずなのに、道徳意識が行動しようとするだけですでにこの前提が覆されてしまう。「道徳法則が自然法則になる」最高善(437, 334-22)をみれば、事態はもっとはっきりする。

「最高善を実在として妥当させるとすれば、意識は道徳性についておよそ真剣ではないことになる。というのも、この最高善においては、自然は、道徳性がもつのとは別の法則をもつのではないからである。これによって道徳的行動それ自身が脱落してしまう。というのは、行動は、行動をとおして止揚されるべき否定的なものを前提してのみ存在するからである。……それゆえ最高善を受け入れると、道徳的行動は余計なことであってまったく役に立たないというような状態が、本質的状態として是認されてしまうことになる。……道徳的行動が絶対的目的なのであるから、道徳的行動がまったく存在しないということが絶対的目的なのである。」（437, 334-24）

最高善が実現していると、道徳的行動も不要になり、それゆえ最高善を求める道徳意識も無意味になる、ということである。もちろん最高善が実現するまでは、道徳意識は要請をけっしてやめないだろう。しかし、「まだだ」と言い続けるところに要請の意味が成り立つとすれば、要請の真意は、最高善などけっして実現してはならない、ということになる。原理的に実現しえないものであれば要請する意味がないし、現に存在しているとすれば、やはり要請する意味がない。調和の実現の要請が、実は不調和の存続の要請へとずらされているのである。

道徳意識の欺瞞性

次に、第二の「理性と感性の統一、つまり無限の進歩」の要請。ここでも道徳性と自然との調和がめざされる。だが、この場合の自然は、道徳意識それ自身の自然、すなわち感性である。つまり、道徳意識それ自身が自らの自然的な要素である感性的な契機をしだいに払拭し、最終的に純粋な理性だけの道徳性そのものとなることが要請される。だが、ここにも明らかな欺瞞とすりかえがある。

「だから意識は調和を自ら実現し、道徳性において常に進歩していなくてはならない。ところが道徳性の完成は無限な先に延期されなければならない。というのも、完成が現実に到来すれば、道徳意識はなくなってしまうだろうからである。……それゆえ、完成は現実に達成されてはならず、ただ絶対的な課題としてのみ、すなわち、端的に課題であり続けるようなものとしてのみ考えられなければならない。」(428, 327-33)

人はとかく自分の未熟さのしるしである感性的な脆さに悩まされる。まして彼が道徳意識の強い人であればなおさら、自然的な要素を少しでも克服して一歩でも先へ進もうとするだろう。だがこの第二の要請によれば、彼は、完成を求めながらも、けっして完成に到達できない、というより到達してはならないのである。

道徳的完成の目標が「無限の暗い彼方」(428, 328-7)、「意識の彼岸の霧の立ちこめた彼方」(438, 336-3) にあるから、というのではない。この要請が道徳的な意味をもつには、彼の道徳的悩みが不可欠なのであって、悩みがなくなれば道徳意識そのものが存在しなくなるからである。「意識は、道徳的完成を無限の彼方にすりかえるという点で、すなわちその完成をけっして完成しないものとして主張するという点において、道徳的完成に関して自分が真剣ではないということを自ら直接的に表明している」（439, 336-14）。課題が重要であって解決などどうでもよい、というのでは、そもそものようなものを課題と称することがすでに欺瞞である。

矛盾の自覚――「良心」の成立

第三の「対立を最終的に調停する神の存在」の要請もこれとまったく同様の自己欺瞞である。道徳意識にとって自らの不完全性を気づかせてくれるものとして、完全な「聖なる実在」、すなわち神が要請される。つまり神も、道徳的完成という目標と同じく、道徳意識が不完全であることを自ら意識しているかぎりでのみ要請されるのである。ところが、道徳意識は本来純粋義務だけを本質とし、自分の知の立場を根本としていた。

「道徳的自己意識は自らにとって絶対的なものであり、自分が義務だと知っているものだけが義務そのものである。この意識は純粋義務だけを義務として知る。すなわち、この意識にとって聖（heilig）ではないものはそれ自体において聖ではないし、それ自体において聖ではないものは、聖なる実在〔神〕によって聖化されることもできない。……この意識にとっては端的に、〈この意識にとってそれ自身によって、かつ、この意識において聖なるもの〉、ただそれだけが聖なのである。」 (441, 337-36)

道徳意識にとって、自分のうちで自分が意識している「聖なるもの」が、端的にそれ自体「聖なるもの」なのであってみれば、そのうえになお聖なる実在を要請する必要はそもそもあるとは思えない。また、現実と乖離した、超越的な神というのであれば、たしかに現実といい、い、肯定的に関係し、理念と現実、自由と自然等々のいっさいの対立を無にできるようにも思えよう。しかし、それはまったくもって「没意識的で、非現実的な抽象」(442, 338-31) にすぎない。現実の否定的な対立関係を回避することは、現実の人間には不可能である。道徳的人間にとっての問題はむしろ、この否定性を一体どうするのかということであろう。

道徳意識の欺瞞的性格は、ヘーゲルが「当為 (Sollen)」の思想として批判するものである。理念と現実、存在と当為の対立・分離をあらかじめ認め前提しておいて、両者を架橋「すべきだ」といかに声を高くしても、分離は残る。というより、残らざるをえない。架橋が実現すれば、当為が主張できなくなるからだ。

だからそれは結局のところフィクションでしかない、とヘーゲルはいう。もちろん対立や分離そのものが虚構だというのではない。ことの全体を漠然と「表象」しているだけで、自己矛盾に気づかずただ深刻ぶり、分離を克服することを真剣に考えようとしないからである。この分離と、それによって引き起こされる人間存在の苦悩とを、自らの全体で引き受け、自己の問題として曇りなく明らかにしようとするのが、「良心」である。

28　良心は自己否定において完成する

良心という「第三の〈自己〉」――義務という窓をもつモナド

良心は、自分にとって本質であるものと自分の現実とを引き離したりはしない。良心は自分のあるがままの姿のなかに善性を認めるのであり、自然と道徳性との自ずからの調和である。良心は道徳意識のように義務の葛藤に悩むことも、道徳的理念の内容を彼岸に置くこともない。道徳性が彼岸にではなく〈自己の下に〉あるからである。もちろん〈自己〉といっても、「実体のない〈自己〉」である人格とも、「〈自己から自由な定在〉の形式をもたない」絶対自由の「第二の〈自己〉」とも違い（446, 341-27）、良心の〈自己〉は、「自分が直接的に絶対的な真理であり存在であることを確信している精神」、「第三の〈自己〉」である（445, 341-17）。

「この〈自己〉は、自分自身に等しい純粋な知として端的に普遍的なものであり、したがってまさしくこの知は自分自身の知として、すなわち信念として、義務である。義務はもはや〈自己〉に対抗する普遍的なものではなく、義務はこのように〈自己〉と普遍的なものとが分離しているときにはけっして妥当しないということが意識されている。いまや〈自己〉のためにあるのが法則であって、法則のために〈自己〉があるのではない。」

(449, 344-13)

個別的な〈自己〉が、自己同一を保持したそのままで、即普遍的なものとの一致を義務として知っているのが良心である。それゆえに良心は、空虚な〈自己〉でも、定在をもたない〈自己〉でもなく、普遍的な義務という豊かな内容をもつと同時に、この義務の法則の目的として存在する。だから良心は、この法則の普遍性をいわば「窓」とすることによって、自己完結したモナド的な道徳意識とは違った新しい契機をもつことになる。それが「対他存在(Sein für Anderes)」という契機であり、他者によって承認されているという契機である。

「良心は純粋義務あるいは抽象的な即自を放棄してしまったのではない。義務は普遍性として他の人々にかかわる本質的な契機である。この契機は諸々の自己意識に共通の境位《エレメント》〔場〕であり、この境位こそ、行為が存立し現実性をもつ場としての実体であり、他の人々から承認されるという契機である。道徳的な自己意識は、承認されているというこの契機、定在する純粋意識というこの契機をもっていないが、だからしてそれは一般に行動する自己意識でも、現実化する自己意識でもない。……だが、良心の〈存在している現実〉は、〈自己〉そのものであるような現実、すなわち自らを意識した現実存在、承認されるという精神的な境位である。」　(450, 344-31)

良心は純粋義務、純粋な知を介して、他の人々とかかわる。普遍的な法則である以上、義務は他の人々にとっても妥当する。つまり良心は、自らの義務という「窓」を開いて、同じく義務という共通の「場《エレメント》」に立ち、他の良心を呼び求めあい、承認しあう。もとより他者の「窓」も同じ場に向かって開かれているからである。この関係こそが良心にとっての実体にほかならない。

「〈良心という〉この純粋な知が直接的に対他存在である。というのも、この知は、純粋に自分自身に等しいものとして、直接態であり、存在だからである。しかし、この存在は同時に純粋に普遍的なものであり、すべての人の〈自己性（Selbstheit)〉である。言い換えれば、行動は承認されており、それゆえ現実的である。この存在こそ、良心がすべての自己意識と直接的に等しい関係に立つ場である。そしてこの関係の意義は、自己を欠いた法則ではなくて、良心の〈自己〉なのである。」　(456, 349-31)

良心の陥穽と言語によるその解消

だが、良心において他者との自ずからなる調和が実現するというのではない。ここにも「心情の法則」や「徳の騎士」と同様の、純粋であるがゆえの陥穽がひそんでいる。良心にとって「対他存在」としての義務は純粋かつ普遍的であればあるほどよい。だがそうなると、義務の内容がますます空虚になっていく。次いでその空虚さを満たすために、良心は感性にかかわり、こうしてそこに「恣意と偶然性」が入り込む。その結果、良心そのものの存在が疑われるようになる。

「自分自身を確信する精神は、良心としては自らのうちに休らっており、その実在的な普遍性、つまりはその義務は、その義務について自らが純粋に確信するところに存在している。このような純粋な信念は、そのものとしては、純粋な義務と同じように空虚なものである。ここでいう純粋とは、その義務のうちに何も存在せず、いかなる特定の内容も義務ではない、という意味である。……良心は自分にとってのどのような内容も絶対的とは認識しない。良心は規定されたもののいっさいの絶対的な否定性だからである。」

(452*f*., 346-32)

もちろん無内容とすることはできない。良心は義務を介して他者と現実的にかかわり、自らの普遍性を現実として確証する。つまり、実際に行動に移らざるをえないのである。そればかりではない。現実とかかわる際、良心は内容とすべき材料を、ほかでもなく「感性」をとおして得るほかはない。とすると、そこにただちに矛盾が生じる。現実にはまさに対立と多様性が満ちあふれているからである。「行動は、その内に本質的に対立が存在しているのであるから、意識の否定的な部分、すなわち即自的に存在する現実に関係する。純粋意識の単一性に比べて、現実は絶対的に他なるものであり、多様性自体である」(452, 346-11)。

多様な現実のなかにあって、良心はどこまでも「自己確信」の純粋性を保持しようとする。しかし現実のほうからみれば、この純粋さは〈自分で自分は善いといっているだけ〉の「個人の恣意や、彼の没意識的な自然的存在の偶然性」(453, 347-14) にほかならない。純粋であるということは「どのような内容にも端的に無関心であり、どのような内容をも受けつける」(453, 347-17) ということ、「あらゆる規定を受け容れることができるのと同様に、規定を馬鹿にして拒否することもできる」(454, 348-15) ということだからである。

こうしてたとえば、「自立性を主張すべきという義務を果たそうとすれば、他者はそれを暴力や不正だと呼び」、自分の生を維持して他人のために役立とうとすれば、その当の他人たちから卑怯者と誹られ、その逆に、彼らが勇敢だと讃える人は、自分の生を維持するという義務にかえって背かざるをえなくなる（454）。

どうしてそうなるのか。良心にはもちろん「打算や損得勘定」など微塵もない。そのことを一番よく知っているというのが良心の本質でもある。「良心は、自らの真理を自分自身に備えており、その真理を自らの〈自己〉のうちに、自らの知のうちに、しかも義務についての知としてもっている、自分を確信している精神である」（455f., 349-12）。だが、共通の「窓」、共通の「場」をもつからといって、良心がそのまま他者に伝わるわけではない。他者に示されるのはあくまでも多様性と対立に満ちた現実のなかでの、特定の行為のみである。

良心にひそむ以上の難点は、しかし、「精神の定在」（458, 351-11）であり、「自立的で承認されている自己意識の媒語（Mitte）」（459, 351-27）である言葉（言語）によって払拭される。良心は言葉によって自分を語り、真情を吐露する。他者はそこに良心を聞き取り、理解し、共感する。言葉を用いることによって内的な良心が普遍的な力をもつに至るのである。だから、この良心の語らいにおいて、個々人は互いに出会い、理解しあい、そうして承認が成立する。

「言葉は他の人々に対して存在する自己意識であり、この自己意識は直接的にそのものとして現前しており、この自己意識として普遍的な自己意識である。言葉は自分を自分自身から分離する〈自己〉であり、この〈自己〉は、純粋な自我＝自我として自分にとって対象的になり、この対象性においてこの〈自己〉として自分を保持するのと同じく、直接他の〈自己〉と合流して、他の〈自己〉の自己意識でもある。……良心の言葉の内容は、自分を本質として知っている〈自己〉である。言葉はこの〈自己〉だけを表明するのであって、この表明こそ行為の真の現実であり、行動が妥当する所以である。」

(458, 351-11; 459, 351-29)

良心は言葉で偽りなく〈自己〉を表明する。良心は真実を語るよりほかにない。だから、その言葉は他者にとってもそのまま良心の表明であり、そこにおいて他者の良心と一致する。「言葉においてそのものとして現実的である〈自己〉、自分を真なるものと表明する〈自己〉は、まさにその点においてすべての〈自己〉を承認し、すべての〈自己〉から承認される」(460, 352-33)。

もちろん良心がすべて断言をこととし、饒舌であるわけではない。黙して語らぬ、ひたすら自己の内面に沈潜していく良心もある。それが「美しき魂」である。

美しき魂——現実性の喪失

美しき魂は、文字通りなんらの曇りなく透明な美しい心、つまり「自らの直接的な知の内面の声が神の声であることを知っている道徳的な天賦の才」(460, 352-37) をもつ良心のことである。したがって、この良心の孤独な瞑想が「それ自身において神への奉仕〔礼拝〕」となり、「その行動は自分自身の神性を直観すること」(460, 353-1) にもなる。内なる声に聴従して瞑想に耽り、そこに純粋な歓びを感得する良心、自然の傾向性や衝動と無縁というのではなく、それらに逆らわずとも巧まずして自ずから道徳性が自然となっている良心——なるほどこれは、神に賦与された才なくしては不可能なありようである。

現実から自己の内面へと転じて、どこまでも純粋であろうとするこの「美しき魂」は、しかし、しだいに現実性を喪失し、自分自身さえ見失ってしまう。「自分の純粋な〈自己〉と、自分を存在へと外化して現実へと転換するという、この〈自己〉の必然性との矛盾」に悩み、「憧れながらしだいに消耗して錯乱し崩れていき」(470, 360-21)、ついには〈自己〉融解を遂げるに至る。

「この〈自己〉には外化の力が、自分を物となし存在に耐える力が欠けている。この〈自己〉は自分の内面の栄光を、行動と定在によって汚しはしまいかという不安のなかに生きている。自分の心の純粋さを保つために、現実との接触を逃れ、わがままな無気力状態に固執している。……自分の諸契機がこのように透明で純粋な状態になると、いわゆる不幸な美しき魂は、自らのなかで光をなくし、形のない靄のように空中に消失する。」(462f., 354-30)

この「美しき魂」はヘーゲルの独創ではない。ゲーテの『ヴィルヘルム・マイスターの修業時代』の「美しき魂の告白」の章がすぐに思い起こされる。自然と道徳性との分離に苦悩し、いわば道徳意識の彼岸に魂の救いを要請するカント的な解決は、結局は分離そのものを残存させるものでしかなかった。

良心の最内奥で〈自己〉と神との一致を実現している「美しき魂」を想定することで、此岸と彼岸、現実と理想との乖離の克服が提起される。そこでは、道徳的良心を内面へと収斂させることが同時に宗教的救いとなる。いっさいの対立が溶解して和解が成就する良心、これはしかし、ヘーゲルにとって、これまたやはり一つの理想、現実的に行動する良心の対項にほかならない。

悪と赦し――評価する意識と行動する意識の対立

良心は実際のところ現実のなかで現に働いている。美しき魂も例外ではない。自らの内面においてであれ、他の人々に対してであれ、義務の実現を目的とする以上、常に活動的である。ただし美しき魂は内面で普遍的なものへと向かう傾向が強い。そして外に対してはこの普遍に照らして評価し判断を下す。したがってこれは観想型の良心、評価する意識である。これに対して、個別性の契機である〈自己〉を重視し、どこまでも現実的な目的（信念）を追求しようとする良心がある。これはいわば行動型の良心、行動する意識である。

評価する意識からみると、個体性に囚われていながら現実に向かって自分は普遍的だと言明する行動する意識は、悪であり、偽善である。ところが、このように判断する際に評価する意識が依拠する法則の資格も、行動する意識のそれとまったく同じである。「というのも、前者は後者に対する対立において現れ、したがって特殊な法則として現れるからである。したがって、この法則は他方になんら勝っておらず、むしろ後者を正当化するものである」(466, 357-11)。評価する意識が一見して純粋にみえるのは、もっぱら観想に耽って行動しないからにすぎない。これもまた、「判断することを現実の行為と受け取ってもらいたいという偽善である」(466, 357-29)。

評価する意識にとっては、いかなる道徳的な行動もすべて特殊な個別的営み、すなわち享受をめざす「自分の幸福への衝動」(467, 358-26)である。あらゆる義務が個々人の具体的な行為のなかで現実化されざるをえない以上、「義務のための義務という純粋な目的など非現実的なもの」(467, 358-30)だということになる。「下僕には英雄など存在しない。それはその英雄が英雄ではないからではなく、下僕が下僕だからである」(467f., 358-32)。どんな英雄的な道徳行為に対してであれ、「所詮名誉が欲しいからさ」と貶めるとすれば、そう評する人の下劣さが証明されるばかりであろう。とすれば、評価する意識は、悪と評される行動する意識よりもっと劣悪である。

行動する意識は評価する意識のこうした振る舞いのなかに、自分自身の姿をみ、自分との同等性を認識する。こうして、「この同等性を直観し、それを表明しながら、この意識は相手に自分を告白する」(468, 359-13)。悪いのは私だ、というこの捨て身の告白を前にして、評価する意識は「自分の魂の美しさを対置したり、……無言を決め込む」(469, 359-30) ばかりである。もともと〈自己〉の内面へと沈湎していくこの「美しき魂」は、この告白に対してなす術がない。とはいえ、告白を受けた以上、現実に背を向け、ひたすら内向しつづけることもできない。行動する意識が告白したように、「自分の頑なな心を打ち破り、普遍性へと高まること」が必要になる。それは自分を断念することであり、悪を赦すことである。

「普遍的な〈評価する〉意識は前者〈行動する意識〉を赦すことになる。赦しとは、普遍的な意識が自分を断念すること、つまり、現実的なものではない自分の本質の断念を遂行することである。その際、普遍的意識は、現実の行動であったあの他者を、自分の本質に等しいものとして定立し、〈行動が思想において保持していた規定〉によって悪と呼ばれたものを、善いものとして承認する。……和解の言葉は定在する精神である。この精神は、〈自分自身が普遍的な本質であるという純粋な知〉を、普遍的な本質の反対のもののうちに、すなわち、〈自分が、自らのうちに絶対的に存在する個別性であるという純粋な知〉のうちに、直観する。それゆえ、和解の言葉は、相互に承認しあうことであり、この

承認の働きが絶対精神である。」(471, 361-16)

和解――自己否定による「精神」の成就

悪の赦しとは、犯した罪を赦すということではない。もちろん悪を悪としてなすがままに認めるということでもない。人を悪と断じた自分の判断を否定し、自分の本質を放棄し、相手のなかに自分の本質を認めることである。自分の本質として固持していた自分の道徳性を乗り越え、超え出て、自分とはまったく逆の立場にも通じる道徳性を認めるということである。これは自己否定であると同時に、自己の回復である。それが可能なのは、精神にはかりしれない治癒力が備わっているからである。「精神の傷は癒え、あとかたを残さない。行為は〈消え去ることのないもの〉なのではなく、精神によって自らのうちに取り戻される」(470, 360-34)。要するに、精神は否定によってこそ真実の自己を得るものなのである。

「精神の生は、死を恐れ荒廃から身を守る生ではなく、死に耐え、死のなかで自分を保持する生である。精神がその真実を得るのは、絶対的な分裂のさなかに自分自身を見出すことにのみよっている。」(29f., 27-28)

こうして、悪を赦す自己否定のさなかに、相互の承認が成立し、対立は和解する。互いに和解の言葉「しかり《ヤー》」を述べ、良心が他者との関係のなかで自己の本質を実現する。

「二つの自我がそれぞれの対立的な定在を捨てて和解している〈ヤー〉は、二つに広がった自我の定在であり、ここにおいて自我はあくまで自らに等しく、完全な外化と反対のなかにあって自分自身を確信している。——この〈和解するヤー〉は、自分が純粋知であることを知っている二つの自我のまっただなかに現れている神である。」　(472, 362-25)

良心が道徳性を超えてはじめて真実を得たように、精神は自らを超えたところで他者と和解し、自己を成就する。そのとき語られる和解の言葉、大いなる「ヤー」には、精神の本質、絶対精神がすでに働いている。それはまた真実には神の顕現にほかならない。それゆえ、精神の自己止揚によって宗教が始まる。というよりはむしろ、宗教へと突き抜けることで、精神は完成をみるのである。

第七章　精神の自己認識の完成——宗教

〈概　観〉

宗教は国民を映す鏡である。宗教のイメージのなかで、精神は自己自身を知る。精神は宗教という形態の完成へ向けて最後の遍歴に旅立つ（29）。ユダヤの光の神に始まりエジプトの宗教に至るオリエントの宗教は自己意識的な精神を欠く自然宗教である（30）。自己意識的な精神はギリシャの芸術宗教のなかで花開く。そこに神人和合の晴れやかな祝祭空間が繰り広げられる。神々も人々も喜劇の世界のなかで笑いころげる。その哄笑《こうしょう》のなかに古代の美しき共同体も没していく（31）。神人一体の理念は「神の子イエス・キリスト」という理念のなかに受け継がれる。この理念を日々追体験する聖餐《せいさん》の営みのなかに、対象性を克服する最後の転回点が訪れる（32）。

29　精神の自己認識としての宗教

意識の遍歴の旅は、実体を彼岸の客体としてではなく、此岸《しがん》に現在する活《い》きた主体としてとらえ返すことを目標としている。すでに何度も語られた「実体の主体化」は最後の宿駅である宗教において完成される。その意味で「宗教は精神の完成形態であり、精神のこれまでの個々の契機はこの完成態を自分の根底として、これへと立ち還《かえ》っている」（477, 366-9）。

宗教は精神の自己意識である。これには個人のアイデンティティの確立に似たものがある。個人は自己像を対象化し、それへと同化することではじめてアイデンティティを確立できる。国民という実体も芸術、宗教、学という文化的な営みのなかで自らを対象的に描き出す。その文化的なメディアを介して「自分が何であるか」を知る。こうした自己確証の根底にあるのが宗教だというのがヘーゲルの見方である。つまり、宗教は国民の鏡である。その民がどのような神を崇拝しているかをみれば、その民の地上での生活がわかる。たとえば、人間の主体的な行動をいっさい許さない「絶対的な威力」として神を崇拝する民は、その地上の国家においても自由を享受することはできない。

この意味で宗教のイメージ（表象）内容のなかには国民の自己認識がある。このような自己認識の成立が「宗教一般の生成」（477, 366-14）である。「宗教」章では、宗教という精神形態がその完成態へ向かう運動をもう一度展開する。それは「自然宗教」（ユダヤ教、インド宗教?、エジプト宗教）から「芸術宗教」（ギリシャ宗教）を経て「啓示宗教」（キリスト教）へと展開し、キリスト教において神人一体の理念が完成されるという道筋をたどる。

30 〈自己〉を欠く宗教——自然宗教

光の神

自然宗教の第一段階、「光の神」は長い間ペルシアのゾロアスター教のオルムズド（アフラ・マズダ）のことだと誤解されてきた。『宗教哲学講義』の「光の宗教」と結びつけられて、解釈されてきたためである。ところが、『宗教哲学講義』の最新版（一九八三～八五年）によってこの解釈が成り立たないことが明らかになった（詳しくは、山﨑純『神と国家——ヘーゲル宗教哲学』創文社、補論二、参照）。

「光」はペルシアの光の神ではなく、ユダヤの神ヤハウェのことだった。「光あれ、と神はいった。すると、光があった」という『創世記』の天地開闢《かいびやく》を指していた。つまり自然の諸事物が「誕生する創造の秘密」(483, 370-28)が語られていたのである。この新しい解釈によって、大きな疑問が氷解した。青年時代以来ヘーゲルがあれほどまで強い関心を寄せてきたユダヤ教がなぜ『精神現象学』に登場しないのか、という謎がもともと存在しなかったことがわかったからである。「光」は、形態化を拒否して彼岸の絶対的な「主（Herr）」にとどまるヤハウェのメタファーなのである。

「この神の形態は形態がないという形態である。この無形態はあらゆるものを保持し満たす純粋な日の出の光という実在（Lichtwesen）であり、自己を形なき実体性のなかに保つ光の実在である。」（484, 371-13）

神ヤハウェはけっしてその姿かたちをみせない。輝く光に包まれ、あるいは稲妻や火流となって登場し、みるものの眼を眩《くら》ます。

その神も世界を創造し、被造物の姿をとって現れる。それは「光の実在が自分を区別し、自然の諸々の形にまで形態化する」ことを意味する。そこにさまざまな姿をもった自然や生き物が織り成す「華麗にまで高められた美」が生じる。「光がつくり出したものは光の諸々の流出物である」。けれども、それらは自立性をもたない契機にすぎない。「光の実在が、この自分の具体的なあり方からふたたび自分のなかへ立ち還ったときには、形態化を焼き尽くす諸々の火流」となって、諸事物は「神の崇高さ（Erhabenheit）のなかに解消する」（484, 371-16）。

ここでは旧約聖書の『詩編』が念頭に置かれている。「あなた〔神〕がお与えになるものを彼ら〔生き物〕は集め／御手《みて》を開かれれば彼らは良い物に満ち足りる。／御顔《みかお》を隠されれば彼らは恐れ／息吹を取り上げられれば彼らは息絶え／元の塵に返る。／あなたは御自分の息を送って彼らを創造し／地の面《おもて》を新たにされる」（一〇四・二八―三〇、新共同訳）。神の絶対的な威力の前では、人間を含むあらゆるものは自立性をもちえない。神の一息、神の一言が世界の諸事物の生殺与奪の権をもつ。あらゆる生き物は唯一絶対者の華麗さを高める「飾り」にすぎない。

「この唯一者は、具体的な事物の多様な力と多様な現実の姿という〈自己〉を欠く飾りで、身を被《おお》っている。これらの力や姿はただこの唯一者の威力を伝えるだけの伝令にすぎない。」（484, 371-25）

この叙述も『詩編』に似ている。主は「栄えと輝きをまとい／光を衣として身を被《おお》っておられる。／……風の翼に乗って行き巡り／さまざまな風を伝令とし／燃える火を御《み》もとに仕えさせられる」（一〇四・一―四）。神は世界を創造する絶対的な威力であり、同時に世界の維持と消滅についても全権を握っている。

「この光の実在は自己を欠くものであり、個々人の確信を自分のうちに含まず、むしろただ個々人にとっては普遍的な実在であり主人のような専制的な威力であって、その威力のなかに個々人は消滅する。」（502, 385-22）

このような「主」としての唯一絶対神が多様な形態に分散すると、さまざまな植物と動物を崇める宗教となる。

植物と動物の崇拝

自然宗教の三形態は、感覚、知覚、悟性に対応している。「知覚」段階に対応するのが「植物と動物」の宗教である。知覚は物を、互いにかかわりのない多様な性質をそなえた一つの物とみる。塩は白くも、また辛くもある（本書八〇ページ以下参照）。この「もまた」に対応するのが「花の宗教」である。多様な植物の諸形態を「無邪気に」崇《あが》める「汎神論」である。そのもとでは、多数の精神集団が互いに争うことなく、平和的に共存している。

これに対して、「一つ」という面に対応するのが、「動物宗教」である。「花の宗教」における無邪気な共存は「罪深い戦闘生活」へと移行する。それぞれの部族は「特定の動物の形態を自分たちの本質として自覚して、憎悪をむき出しにして死闘を繰り広げる」。互いに孤立的な部族が「憎悪のなかでしのぎを削りあう」なかで、個別性はすりへり、精神は「安定した肯定的な」ものを生み出す「工作者の宗教」へと移っていく（485, 372-10）。「植物と動物」の宗教はインドの宗教だといわれているが、そうは断定できない。たとえばベルリン時代の「宗教哲学」講義では、動物崇拝はインドとエジプトの宗教の両方に現れる。「エジプトでは、おのおのの地域共同体が、猫、犬、猿など特定の動物を崇拝して、それをめぐって互いに戦争しあった」という『精神現象学』に似た叙述もみられる。具体的にどんな宗教が念頭におかれているかは必ずしも明らかではない。ヘーゲルは自然宗教の三形態を、感覚、知覚、悟性に対応させたために、ここで無理やり、「知覚」段階に対応する宗教を理念的に構成した可能性もありうる。

工作者の宗教

「工作者の宗教」はエジプトの宗教を念頭において書かれている。ここでは、自然のままの植物や動物を崇める立場から、人間がつくった神殿のなかの神像を崇める立場へ高まっている。けれども、精神はまだはっきりとは姿を現してはいない。精神はまだ芸術家（Künstler）ではなく、工作者（Werkmeister）なのである。

工作者の労働は「蜂が巣をつくるときのような本能的な労働」である。つまり「労働する精神」の「作品」とはいっても、「能動的な自己意識と、それが生み出した対象とに分裂している」（487, 374-9）。「ピラミッドやオベリスク」という作品は「生命を欠いた水晶体」である（486, 373-16）。これが動物をかたどった聖像となっても、まだ「内的な意義を言い表す言葉を欠き、音なしの形態」なのである（488, 374-29）。この宗教を特徴づけているものは、精神の外面性と内面性との分裂である。自然的な動物性と人間的な自己意識との混合であるのは、それを象徴的に表しているのが、頭が人間で体がライオンのスフィンクスである。

「工作者はそれゆえ自然的な形態〔動物〕と自己意識的な形態〔人間〕とが混合した形で〔精神の外的な自己と内的な自己との〕両者を結合する。それ自身にとっても謎めいたこの両義的存在は、理解しがたい深遠な知恵の言葉となって出現する。」　(489, 375-19)

スフィンクスはオイディプスに向かって謎をかけた。「朝は四本足で、昼は二本足で、夜には三本足で歩くものは何か」と。オイディプスは「それは人間だ」と答えて、その謎を解いた。人間は赤ん坊のときは四肢《しし》で這い、成長したら二本足で立ち、老いては杖を第三の足とするからである。人間が「自己自身を知る」ことによって「自己意識的な精神が自分自身との統一」を得て、動物性と人間性との混合を脱する。これによって、精神はオリエント（エジプト）世界を後にして、西洋（ギリシャ）へと移行する。工作者は本能的な労働を脱して、「芸術家」となる。

31　自己意識の芽生え——芸術宗教

ギリシャの祝祭宗教

「芸術宗教」はギリシャの祝祭宗教である。ヘーゲルは青年時代から、ギリシャのポリスを、地上に存在した最も自由で美しい共同体として憧れてきた。

「自由な国民であるギリシャ人にあっては、習俗がすべての人々の実体をなし、その実体の現実と具体的なありようを誰もが自分自身の意志であり、自分自身の行為の結果であると知っていた。」（490, 376-18）

ポリスのなかに市民は自分自身の意志の影を認めることができる。この「美しく幸福な自由」（イエナ期「精神哲学」GW. Ⅷ, S. 262）をはっきりと自覚へもたらすものが、彼らの祝祭宗教であった。和合がないところに和合をつくり出すのではない。和合を思い込ませるのでもない。宗教をイデオロギー操作の道具とみる見方はヘーゲルにはそぐわない。和合はすでに現前していなければならない。現にある和合を具体的に対象化して、和合を自覚的に満喫（享受）するのが、祭祀《さいし》や国民的祝祭の働きなのである。

「a 抽象的な芸術作品」では、ギリシャ人の祝祭の諸要素、神像とそれを祭る神殿建築、讃歌と託宣、供犠《くぎ》が論じられる。「b 生きた芸術作品」とは、躍動する身体を神の栄光として讃える競技、たとえばオリンピアの祭典のことである。「c 精神的芸術作品」とは、言葉をもちいた、叙事詩、悲劇、喜劇のことである。とりわけ悲喜劇は重要な祭典において上演される一大国家プロジェクトであった。これらを貫いて高まっていくもの、それは神人一体という理念である。

抽象的な芸術作品――供犠における〈神の死と再生〉

神像と神殿は彼らの宗教を眼にみえる形で体現したものだが、それは「物」として凝固したものであり、芸術家の精神はすでにそこを離れている（493, 378-17）。これに対して、生きた精神をふたたび取り戻すのが、言葉を用いた讃歌である。

「言葉は〔音声という物的な〕存在でありながら、同時に自己意識的な現存でもある。言葉のなかに個別的な自己意識が現存するが、直ちにあまねく伝染していく。完全に隔絶された孤立存在といえども、讃歌のなかで流動化し、多数の〈自己〉が共有された普遍的な統一となる。」（496, 380-27）

美的な構想力によって神像や神殿として形態化したものが、讃歌のなかでふたたび流動化する。「多様な自己意識」が一つの「精神的な流れ」となって、「万人の普遍的な自己意識」となる（496, 380-39）。このような情緒的な一体感が祭祀の基礎をなす。「讃歌の合唱の流れのうちに、祭祀の概念がすでに潜在的に含まれ現存している」（499, 382-36）。

この共同精神を行為によって実際に証《あかし》するのが、供犠（Opfer）である。供犠は、自己の所有物を神に捧げ、そのお供え物を皆とともに頂く行為である。御神酒《おみき》を飲み交わす直会《なおらい》（祝宴）のなかで、人と神、人と人との一体感はいやがうえにも高まる。これは、すでにある神人一体の自覚的な再演である。

神が小麦やブドウの実として生《な》りいで、個々の獣や家畜として発現し、それが自己意識をもつ人間に食い尽くされ消化・同化される。このことは、すでに文字通りの神人一体にほかならない。それは神が自身の身体を人間に食させる行為であり、「神的実体の犠牲」である（500, 384-9）。たとえばエレウシスの「パンとブドウ酒の密儀」は、この無自覚的一体化を人間の側からの犠牲をもって、自覚的に再演する行為である。初物《はつもの》を祭壇に供え、肉を焼いて煙と化して天に捧げる。収穫を自分の労働の所産として自己の所有に帰することを放棄する。すべてを天の恵みとみなして、豊穣《ほうじょう》を祈願・感謝して、収穫を神へと戻し返上する。

人間が自己の所有の一部を神に犠牲として捧げるという行為のなかにも、同時に神自身の犠牲と死がある。たとえば、焼かれる山羊《やぎ》の肉はアポロンの「しるし」であり、小麦やブドウの実は「生けるケレス〔デメテール〕自身、生けるバッコス〔ディオニュソス〕自身」である。神が神自身に向かって犠牲として捧げられている。日常的には単に個々の実、個々の獣として消費されるにすぎなかった自然が、供犠のなかの死によって、まさに「神」として崇拝されることになる。

神は自身の犠牲（死）をとおして自己を実現したのである。祭壇に捧げられた肉や酒は

「共餐(きょうさん)のごちそう」となり、快活に享受される。個々人は自分の所有の一部を断念して普遍的なものに捧げ、それを共同の食事においてふたたび取り戻して享受する。このような形で共同体の理念を内面化・同化する。日常の飲食でも、神人の無自覚的な一体化があった。

　これに対して、神前での共同の食事では、より高次のレベルにおいて、神と人間とが同化する。神は共同体の内に臨在する神となる。人間が自己の個別性において死し共同性へと昂《こう》揚《よう》する。このことは、同時に、神的実在がその抽象性において死し「現実的なもの」となって再生することでもある（500, 383-32）。

　こうした普遍と個との相互の犠牲という運動が供犠を形づくっている。供犠における〈神の死と再生〉のなかに、ヘーゲルは〈実体の主体化〉、〈自己〉と神的実在との統一というテーマを読み込んでいる。

　ユダヤ教では、神は形態をもたない隠れたる神であった。これに対して、ギリシャの芸術宗教の祭祀においては、神の本質存在がさらけ出されている。パンとブドウ酒の密儀には、秘密が隠されているのではない。むしろ秘密が打ち明けられているのである。


「〔パンとブドウ酒の〕享受において、ユダヤの『日の出の光』が何であるかの秘密が打ち明けられている。……密儀の神秘なるものは、ある秘密が隠され知られていないことではけっしてなく、むしろ〈自己〉が実在〔神〕と一つであることを知り、実在が啓示され

あらわになっていることのなかに、成り立っている。」(503, 386-24)

生きた芸術作品——オリンピアの競技に躍動する美しい身体

「バッカス祭の興奮と狂乱」には「神人一体のエクスタシー」があった。客体的な神像は熱狂のなかに没して、主観の陶酔だけとなる。だが、この興奮が醒《さ》めると、ふたたび対象が求められるようになる。ただし今度は「石でできた神像」ではない。不動の彫像に代えて、人間の「生きた身体」が崇拝の対象となる。

ギリシャ人はオリンピアの祭典を催し、躍動する身体のなかに神と人間の栄光を讃えた。それはさながら「魂をもった生きた芸術作品」であった(504, 387-20)。

精神的な芸術作品——古典文芸が描く神々の世界

祭祀や競技は神々との一体性を確認する行為であった。バッカスの興奮やオリンピアの躍動が静まると、現実に行為することが、イメージ(表象)のなかで行為することへと高まる。そこに言葉によるイメージ世界(表象)、「精神的な芸術作品」が現れる。それはまず叙事詩として現れ、次に悲劇、喜劇へと展開していく。

叙事詩——神々を詠《うた》う詩人

叙事詩は神々と英雄たちの物語である。それは詩人の吟唱《ぎんしょう》によって現出する世界であるが、「歌人はその内容のなかに消えいく器官にすぎない。

彼の〈自己〉がではなく、彼の詩神《ミューズ》が」歌いあげているからである（507, 390-2）。そこにあるのは、神々（普遍）―英雄（特殊）―歌人（個別）という連結である。この連結の芯すなわち〈自己〉は、神々の側にある。つまり「実体こそが〈自己〉である」。これが喜劇に至ると、「〈自己〉が実体である」という逆転を招く。ここに叙事詩から喜劇へ至る基本動向がある。

ホメロスの『イリアス』や『オデュッセイア』に登場する英雄は人間ではあるが、神々に一歩近づいた存在である。神々のほうも人間味を帯びて登場し、人事にしばしば介入してくる。叙事詩は「神的なものを人間的なものに関係づけ」、両者を「総合的に結びつけ混合する」（508, 390-10）。

英雄とはいえ、しょせんは有限な人間である。彼は神々の気まぐれに弄《もてあそ》ばれる。神々のほうもしかし、絶対的な神ではなく、それぞれに限定された「特殊な神々」である。彼らは互いに争いあうが、そのなかから「彼らの力ではどうすることもできない究極の威力として、否定的なものの純粋な力が立ち現れてくる」。それが「必然性《さだめ》」という運命である（509, 391-11）。

運命は人間の行動によって引き起こされる。それゆえ、人間の主体的な行動こそが運命の動因である。けれども、ここでは「必然性」であって、まだ「運命」ではない。必然性はまだ抽象的であって、物語の内容の外にある。物語る歌人の言葉も物語そのものの外にある。歌人—物語—必然性。叙事詩において、この三つの契機が分裂している。「必然性が物語の内容によって満たされなければならない。歌人の言葉も物語の内容に参加しなければならない」(*510*, 392-9)。そうなったとき、叙事詩は悲劇となる。

悲劇——神々を演じる役者

吟遊詩人の言葉が詩の内容に参加すると、詩人は直接ドラマを演じる「役者」となる。物語の外にいる詩人ではなく、ドラマのなかの「主人公（英雄）自身が語り手なのである」。英雄たちはもはや「必然性」に弄ばれる操り人形ではない。「自分の義《ただ》しさと目的を知り」、自分の使命を決然と言い表す「自己意識をもった人間」である（*511*, 392-18）。けれども、彼らは自分個人の決意と意図を素朴に語るのではない。彼らは実体の本質（パトス）につき動かされる「性格」を体現している。

悲劇において観客たちの感動は合唱隊の誦詠《しょうえい》として劇中に投影される。合唱隊は一般民衆の知恵を詠いあげる。その知恵は長老によって代表される。叙事詩においてバラバラであったものが、ここでは緊密な統一をなしている。神々と、その本質（パトス）によってつき動かされる主人公たち、語り手（芸術家）の自己意識と観客の自己意識、これらが渾然一体となってドラマ世界を現出する。そこに立ち現れてくる「必然性は自己意識に対して登場してくるあらゆる形態を否定する威力である。けれども自己意識という単一な自己確信こそが実は否定的な威力なのであり、あらゆるものが立ち還っていく精神的な統一なのである」(517, 397-7)。

自己意識の行為こそが運命を呼び起こす動因である。だが、意識はまだこのことに気づいてはいない。合唱隊が一般民衆を体現しているとはいえ、悲劇が演出する運動は「はるか彼方のものとして、観客を恐怖で満たしたり、身近に迫り来るものとして、同情を呼び起こしたりする。〈自己〉と運命と実体との真実の統一はまだできあがってはいない」(517, 397-15)。役者は仮面をつけて神々や英雄を演じるが、その主人公は仮面と役者自身とに分裂している。

喜劇——神々の仮面が落ちる

悲劇においては、「家族の掟」や「国家の掟」という実体をめぐってドラマが展開する。その実体をアンティゴネーやクレオンの仮面をつけた役者が演じる。役者の素顔は仮面の下に隠され、劇中人物と生身《なまみ》の役者とは分裂している。観客も、客席のむこうの舞台の上に、自分とは異なる実体どうしの闘争を眺める。ところが、喜劇では、仮面が落ちて役者の素顔がさらけ出される場面がある。そのとき、劇中人物と生身《なまみ》の役者とが一つになる。観客も舞台の上で演じられていることが、実は自分たち自身のことであると知る。劇中世界が生活世界と一つになる。

「悲劇においては、役者が神的実体と行動をともにするのも外面的な統一であり、演技にすぎない。観客の前に登場している主人公は仮面と役者とに、劇中人物と〔役者の〕現実的〈自己〉とに分裂している。だが、〔喜劇において〕主人公の自己意識がその仮面から現れ出て、……現実の自己意識が、自分こそが神々を支配する運命であることを示す。……役者の現実的〈自己〉は仮面をかぶりながら、劇中人物を離れて自分だけでひとかどのものたらんとして、仮面のイロニーをあからさまに語り出す。……かくして仮面が落ちて、役者の〈自己〉が現実的なものという意味を帯びて現れてくる。〈自己〉は役柄を演じるために仮面をかぶっていたのだが、この見かけを抜け出て、ふたたび自分自身の赤裸々な日常の姿で現れている。」　(*517f.*, 397-20)

ここではアリストパネスの喜劇『騎士』や『雲』が念頭に置かれている。これらでは、役者がしばしば作者自身のことや作品の制作過程の裏話を語り出す。たとえば、現実の独裁政治家クレオンを揶揄《やゆ》した『騎士』では、仮面づくりの職人がクレオンの怒りを怖れて、クレオンそっくりの仮面をつくるのを拒んだという文字通りの舞台裏までさらけ出している。

「怖がらなくてもいいんです。ちっとも本物に似ちゃいねんですからね。マスク造りの職人がみんなあいつを怖がっちゃって、似せてつくるのをいやだといったんでさあ。しかし見物衆は勘がいいからねえ。あいつだということはわかってくださるでしょうがね」。こういった調子の「楽屋落ち」がそこここにちりばめられていて、観客の爆笑をさそっている。

叙事詩では、作者である歌人は物語の内容の外にいた。悲劇では、歌人の言葉は役者のせりふとなって、ドラマのなかに組み込まれた。喜劇では、さらに一歩進んで、作者自身が作品に言及する。この作品の自己言及の構造、ドラマを解体に導くドラマトゥルギーのなかに、ヘーゲルは実体の主体化の構造を託している。

ソクラテスに始まる自己決定の原理

ギリシャ悲劇はヘーゲルの青年時代からの愛読書であり、それへの思い入れは並々ならぬものがあった。それに比べて、喜劇に対する評価は一般に低い。たとえば『自然法論文』（一八〇二年）では、「喜劇には運命がない。諸々の対立の影法師や諸々の闘争の戯れのみを、捏造された運命と虚構の敵とをもって叙述するにすぎない」と述べていた。ところが、『精神現象学』では、格段に重要な意味が喜劇に与えられている。喜劇論は「芸術宗教」の最も重要な転回点をなす。ヘーゲルは喜劇のなかに、実体性から主観性への世界史的転換点をみている。

悲劇から喜劇への転回は、ペロポネソス戦争の時代に対応する。思想史のうえでは、ソフィストおよびソクラテスが登場する時期である。それは人倫が道徳へと転回する地点であるとヘーゲルはみる。人倫は伝統的な習俗として、個々人の内的確信をぬきに、直接的に絶対的なものとして妥当している。「それは吟味も探究もなしに妥当し現存する掟であり、究極的なものである」(『哲学史講義』XVIII, S. 469)。

この人倫はペロポネソス戦争あたりから動揺してくる。この動揺を体現しているのがソフィストたちである。彼らはことがらを多様な視点から洞察することを教えた。絶対的に正しいと思われたことも、別の視点からみれば、もはや妥当しなくなる。結局、思考する主観をぬきに客観のみを語るわけにはいかなくなる。「人間は万物の尺度である」というプロタゴラスの命題がそれを見事に表現している。これ以降、思考こそがすべての真理について本質的なものとなったのである (*ibid.*, S. 430)。

多様な視点に慣れ親しんだことでギリシャ人の習俗は動揺してくる。行動の原則を一人一人が主体的に選び取らなければならなくなる。主観的な反省の時代、すなわち道徳性の時代が始まる。「ポリスの解体以降は近代」というヘーゲルの極端な歴史意識は、すでに「古代ギリシャのソフィストとソクラテスの時代に、ペロポネソス戦争によるギリシャの解体をもって、近代の原理が始まる」とまでいう (*ibid.*, S. 404)。「ソクラテスは国民精神のなかにある人倫のリアリティーが揺らいでいることを察知し人倫を洞察へと高めようとした」

(*ibid.*, S. 476) からである。「ソクラテスを境にして自己決断がはっきりと登場してきて、彼以降、人間の主観的意識が、決断する精神となった」のである (*ibid.*, S. 490)。『精神現象学』でもこの時期の現象が近代の啓蒙主義やカントの道徳哲学の時代に重ねられている。主観の内面的な決断と選択、個人の自己決定の原理、こうした世界史的な転換点が喜劇のなかにある。

「合唱隊の概念を欠く知恵は、人倫におけるさまざまな格言を述べ立て、諸々の掟や権利・義務の群れを妥当させてきた。だが、理性的な思考は合唱隊のそのような知恵に反対し、これら限定されたものを〔吟味して〕善美なるものという単一な理念へと高める。それは抽象化の運動であり、これらの行動原則や掟がそなえている弁証法を意識することであり、それらが以前にもっていた絶対的な妥当性が消滅するのを意識することである。イメージが神々の実在に与えてきた偶然的な規定や表面的な個体性は消え失せる。それらは『雲』であり、消えいく霞《かすみ》なのである。」　(519, 398-32)

伝統的な習俗は、ああいえばこういうソフィストたちの詭弁（弁証法）によって解体していく。ソフィストたちの主観的で恣意的な思いつきに抗して、ソクラテスは倫理の普遍的な内容を再建しようとした。けれども彼もまた既成の価値を突き崩しはしても、それにかわる具体的な内容を確定するには至らなかった。結局、反省を重ねて意識に決定権を与えようとする点で、ソクラテスとソフィストとは歩調を合わせている。

それゆえアリストパネスが『雲』のなかでソクラテスをソフィストの一人として笑い物にしたのは不当ではなかったとヘーゲルはみる。アリストパネスはソクラテスの道徳的な努力がねらいとは裏腹な結果に終わるさまを滑稽に描いたからである（『哲学史講義』XVIII, S. 483f.）。

「善美なるものという単一な思想は、任意のどんな内容によっても満たされる。弁証法的な知の力は行為の特定の掟と規準を、邪道に陥った若者の快楽と〈軽み〉に委ね、長老には欺瞞の武器を手渡す。それゆえ善美なるものという純粋な思想は、喜劇的な見世物を演じる。すなわち、それは限定された内容を意識的に固守する俗見から人々を解放するが、それによってかえって空虚になって気まぐれな個人の意見と恣意の戯れとなるからである。」（*519f.*, 399-5）

ヘーゲルの歴史意識はすでに古代ギリシャの喜劇のなかに近代的な主観性の原理を読み込む。同時にその主観性のめざめのなかに、ポリス共同体への弔いの鐘を聞く。「直接的な個別性の諸目的が普遍的な秩序からまったく解放されて、個別性が公共の秩序をあざ笑う」

(519, 398-29) ことになるからである。

これまでの回顧――ギリシャへの挽歌《ばんか》

「芸術宗教をとおって精神は実体の形式から主体の形式へと踏み込んだ。この主体化は神的な本質実在が人間となることである。これは彫像から始まる。けれども彫像は大理石などの外的形態のみをそなえていて、それを創作する芸術家の内面は彫像の外に出ている。内と外とのこの分裂はしかし、祭祀において一つになった。かくして芸術宗教の結論である喜劇において両者の統一が完成するが、同時にこの統一は〈自己〉の極のほうへ移行してしまった。意識の個別性のなかで自己を完全に確信している喜劇の精神のなかに、あらゆる本質実在が没してしまった。喜劇の〈軽み〉は、『〈自己〉は絶対実在である』という命題を語る。かつては実体であった本質実在、自己のほうがそれの属性であった本質実在が、述語になりさがって、精神がこの自己意識のなかに自身の意識を失ってしまった。」(521, 400-3)

喜劇の〈軽み〉のなかに実体が没した。この叙述には、地上における最も美しい共同体を失ってしまったという喪失感が色濃く漂っている。

「神々の永遠の掟への信頼も託宣も声をひそめ、彫像はいまや魂の抜けた亡骸《なきがら》であり、讃歌は信仰が抜け去った言葉にすぎない。神々の祭壇は精神的な供物《くもつ》を欠き、競技や祝祭を催してみても、神的実在との悦ばしい一体感は戻ってはこない。詩神のさまざまな作品〔叙事詩、悲喜劇〕にも、精神の迫力が欠けている。……これらの作品はわれわれに伝えられてはいるが、いまでは樹からもぎ取られてしまった美しい果実である。これらをわれわれに伝えてくれた親愛な運命も、その果実を支えていた樹、その実体をなしていた大地と元素、果実のうま味を決めた気候風土、その成長の過程を支配していた季節の移り変わりまでは与えてはくれない。かくして運命はこれらの芸術作品とともにその世界を与えはしない。これらの作品が花咲き実を結ぶ人倫的な生活の春と夏とを与えてはくれない。ただ、こうした現実をつつみ隠し込んだ思い出を与えてくれるだけである。」(523*f*., 402-3)

『精神現象学』のなかでも最も美しいと評されるこの叙述からは、失われたギリシャ世界への痛切な挽歌が聞こえてくる。主観性のめざめを自覚した喜劇の〈躁《そう》〉は、実は神喪失を嘆く「不幸な意識」（本書一二一頁以下）の〈鬱《うつ》〉と表裏一体なのであった。その喪失感は「神は死せり」という言葉で言い表される。

「あらゆる神的実在は喜劇の意識のなかに立ち還っていく。この意識は実体の完全な外化・放棄である。これとは逆に、意識は絶対的にあるべき自己確信の悲劇的運命である。この不幸な意識はこうした自己確信のなかであらゆる本質実在を、さらには自己についての知すらも失ったという意識である。つまりは実体も自己も喪失したという意識である。この意識は『神は死せり』という苛酷な言葉で自分を言い表す苦痛なのである。」

(523, 401-29)

32　彼岸性を克服する彼岸的な表象《イメージ》——キリスト教

自己意識による実体の再興

喜劇の行き過ぎは実体の喪失を招いた。だからといって、「〈自己〉は絶対実在である」という命題の主語と述語を入れ換えて、「絶対実在は〈自己〉である」としたら、ふたたび自然宗教に舞い戻ってしまう。実体の再興は、あくまで主体的な自己意識の原理を生かしながら、自覚的になされなければならない（521, 400-21）。

ここに近代の課題がある。その世界史的な使命を担って古代的精神の廃墟のなかからキリスト教が登場する。「不幸な自己意識が抱く哀切と憧憬は新しい精神が生成出現するための陣痛である」（525, 403-14）。「神の子イエス」という規定のなかに「実体が自分自身を外化して自己意識となる」という実体の主体化が実現する（525, 403-18）。この発展をヘーゲルは、ギリシャ的な供犠の理念がキリスト教の聖餐に引き継がれ完成されるという論理で正当化する。

供犠から聖餐へ

供犠のなかで「絶対精神の秘密が打ち明けられていた」。すなわち、実体は自己を開示して実現する主体であり秘密をもたない、という秘密が打ち明けられていた。けれども、神的実在は、まだ自分を「ただ直接的な精神、自然の精神」として開示しえたにすぎない。神はまだ人間とはなっていなかった。

キリストの出現において、神が自己意識的な「人間となる」ということがはじめて実現する。彼において「神性と人性との同一が直観される」(529, 406-8)。「精神(神)は自己意識的な精神(神人)として自己意識(人間)に向かって自らを捧げる」。受肉、受難、復活というキリストの事蹟《じせき》のなかで、神が人間となり、人間が神となる。これが「犠牲」を介した和解のプロセスとして描かれる。

受肉は「神的実在が自分の抽象態と非現実態を断念して、自己を卑俗化すること」(539, 414-10)である。これは絶対的なものの自己犠牲である。はるか彼方の隠れたる神(父)が人間的な自己意識(子)となって、神性(普遍)と人性(個)との合一が生じている。けれども、それは、イエスの直接の弟子たちの意識に、歴史的イエスという「一個の感性的な他者の形式」で直観されているにすぎない。それは「対象性という〔主客〕不同」の形式に依然としてとらわれている（530, 407-20）。

受難（神の死）によって、この個別的なイエスにつきまとう肉体的な姿が消滅する。弟子たちが「見る、聴く」という感性的形式でとらえていた「直接的に臨在する神」が消え去る。「かつて見た、聴いた」ものとして、教団の表象へと移される。神人は肉体という直接的な対象性において死し、「教団の普遍的精神」（531, 408-7）、すなわち霊的共同体として復活する。

「この人〔イエス〕は直接眼前にある神である。彼の死によって『ある』は『あった』へと移行する。この人を見たり聞いたりすることが過去のこととなってしまったときにはじめて、意識は精神的意識となる。かつてこの人は感覚的存在として意識に対して立ち現れていたのであるが、この人はいまや精神〔霊的共同体〕のなかに復活したのである。」（531, 407-34）

これはイエスとして「形態化された〔神的〕実在が自分の直接的な定在をふたたび犠牲にして〔受難〕、実在へと帰っていく〔昇天〕という運動」（541, 415-36）である。神的実体はこの二重の自己犠牲をとおして、精神的な主体として再生している（聖霊の降臨）。

聖餐における対象意識と自己意識との一致

実体の主体化はしかし、実体の側からの一方的な犠牲だけで実現するのではない。この過程は、同時に人間自身の陶冶《とうや》形成（Bildung）にほかならない。この和解の表象は、教団という普遍的な自己意識の共同の行為、すなわち聖餐によって創出再現されなければならない。というよりも、この共同行為のまっただなかではじめて普遍的な自己意識が成立する。父・子・霊という三位一体性を完結させる「精神〔霊〕」としての神の顕現とは、聖餐において共同精神が発揚することを意味する。それは、信仰する意識が神的実体の自己犠牲という「事蹟（Geschichte）」を自分の「個体史（Geschichte）」として追遂行し、自己の個別態を死に至らしめ、教団という共同精神として再生することにほかならない。

「この〔感性的な〕個別的なものが存在しなくなり、精神〔霊〕の普遍性へと変容する。精神〔霊〕は教団のなかに生き、日々そこに死するとともに甦る。」（544, 418-32）

神の死と再生とは、こうした事態をイメージしたものである。教団が神として崇める対象が、いまや教団自身に住まう共同精神となる。教団が信仰の対象（神）について抱く意識が、そのまま教団の〈自己〉（愛の共同体）の意識となって、ここに対象意識と自己意識との一致が実現する。実体の犠牲とそれを追体験する個体の犠牲とは、実は、同一のプロセスの両面なのである。この双方の犠牲の出合いが実体の主体化を成就する。これは、自己の対象化をとおして自己を認識するという「意識の経験」の最高段階である。これまでの精神の歩みである人類史が、すべて神的な歴史として意識の前に立てられ表象されている（vorstellen）からである。

この最高度に外化された「表象をつかみとること（Ergreifen）」が、パンを神の肉としてつかみとるという行為において実現している（545, 418-22）。この「つかみとること（Ergreifen）」が「概念把握（Begreifen）」への橋渡しとなって、「絶対知」へと移行する。

このようにしてヘーゲルは、ギリシャの供犠・共餐における神人一体の理念がキリスト教の聖餐において完成されるとした。つまり供犠と聖餐とを〈神の死と再生〉というテーマのもとに、同一の論理の連続的発展においてとらえた。聖餐をギリシャ的祝祭の理念的継承、その現代的等価物として正当化した。

キリスト教の表象性の克服

教団の表象のなかには、神の彼岸性を克服する神人一体の理念がある。けれども、それが表象という形式においてあるかぎり、彼岸性を克服するという内容が彼岸性の形式をまとっている。「和解の表象」はあっても、それが「彼岸という対立をまとっている」。イエスによる和解が「過去の彼方のものとなって現れるように、意識自身の和解も〔終末の〕未来のはるか彼方のものとして現れる。それは彼岸に横たわる和解である」(548, 420-33)。ヘーゲルはキリスト教との全面的な和解をなおも拒んでいる。和解の完成、彼岸性の全面的な克服は、感覚的なものが混じっている表象を思考によってとらえ直すことによってなされる。それによってしかし、対象性のみならず、対象そのものが消滅する。ここに『精神現象学』の大きな特徴がある。

「まだ残っている課題は対象性という形式を廃棄することだけである。それは対象が自己のうちへ還っていくものとして現れるという一面的なことと解してはならない。むしろ対象そのものが意識にとって消滅するものとして現れる。このようにして意識の対象を克服しなければならない。」(549, 422-7)

意識が対象をすべて呑み込んだとき、そこに「絶対知」が成立する。

第八章　精神の旅の終着駅――絶対知

〈概　観〉

宗教という駅を出て、終着駅の絶対知に精神が到着するには、まず第一に、大きな川を渡らなくてはならない。それは対象性もしくは表象性という川で、意識が自分の対象の側にみた絶対者が、実は意識自身がすでに絶対的であるような知、絶対知に到達していることとの証拠だということを明らかにしなくてはならない。こうして主観が、自分を外化して立てた客観との対立関係が終わって、すべての外化と疎外が和解と合一を迎えて、それ自身が絶対的であるような知が成立する（33）。第二の主題は、精神の歴史の総括である。このことは同時に、この最後の意識のなかにいままでのすべての意識形態の真実が積み込まれているということと同じだとヘーゲルはいう。最後の駅にはいままでたどったすべての駅の思い出が積み込まれている。だから、人間精神のすべての歩みを集約しているという意味でも、終着の駅はすべての駅の集約の駅でもある（34）。そのなかでも重要な駅について、ヘーゲルはこれまでの『精神現象学』の記述をはみ出すような位置づけをしている。一つは、「理性」の章で扱った人間の観察に関する部分で、現代風にいえば「精神は脳細胞だ」というのと同じことを、「精神は骨だ」と表現したらどうなるかという問題である(35)。もっと精神的な内容に踏み込んだところで、ヘーゲルは人間の行為とその評価をめぐる議論を展開する。これは『精神現象学』の「精神」の章の「良心」の部分について、以前の記述の反省という枠をはみ出すような、新しい位置づけを持ち込んでいる(36)。そして、第三の主題は、絶対知を核に置いたときに、みえてくる学問全体の構図である。精神の歴史という形をした知の総括と、世界をとらえるすべての武器(カテゴリー)の収まる武器庫としての論理学、その論理学から始まる哲学体系の構図を想定しながら、ヘーゲルは『精神現象学』の位置づけを見極めようとする(37)。

33　対象性の克服

神を見た人

いままでの章で「現象する意識」と呼ばれてきたさまざまの意識形態があるが、それが一人の人物となって、その彼を観察している哲学者である私の前に立っていると考えてみよう。

彼の現在までの名前は「啓示宗教」である。彼は、やや興奮気味にこんなことをいう。「私は神を見たんです。いや、神の子というべきなのですが、彼はしかし神と別の実体ではありません。ナザレのイエスという名前です。その人であって神であるものは、処刑場で殺されました。そして亡骸をみにいったら、それが消失していたのです」。

私は彼にいう。「君が誰かを神だというならば、それは君自身のうちに神があるからだ。君は自分の内なる絶対者を彼に投影しているから、だから〈私は神を見た〉ということができるのだ」。しかし彼は「私は、断じて神ではありませんが、たしかに神を見たんです」と言い張るだろう。つまり彼の意識の外部に対象として存在する神をとらえたというのだ。

これは一面では嘘ではない。たしかに主観である彼の意識が世界のなかの対象をとらえたのだ。しかし、彼が見たものは神ではなくて、一人の人だろう。どうして「神を見た」といえるのだろう。

「犯罪を見た」とか、「天才が現れている」とか、「骨相に運命が見える」とか、これらの文では直接的な物と精神的な本質（イデア）との一体性が語られている。「神を見る」というのも、同じ論理構造である。本来、見えるはずのない普遍的なもの、精神的なものが、ある個別者のなかに宿っているのが、「見える」と主張されている。

本当は心に内在する絶対者が、対象のなかに神を呼び出しているのだ。ところが彼は、絶対者は自分の外にいると信じている。絶対者は、彼の心の前に立っている。啓示宗教という対象となる表象という形にとどまっている。だから自分の心の存在は意識の対象になっていない。

「啓示宗教の精神は、意識そのものをまだ克服してはいない。その現実的な自己意識が、その意識の対象になってはいないといっても同じことである。そもそもこの精神そのものも、またこの精神のうちに区別されるさまざまの契機も、表象に属していて、対象性の形式に属している。」　(549, 422-1)

どうしたら自己意識は自分自身を対象にし、しかも「それが自分だ」という自覚をもつことができるのだろう。内なるものを外なるものに出すことは、たとえば芸術家であるならば、作品に内面性を表現するという形で実行するだろう。しかし、作品は作家から独立した物体である。物体はよそよそしく存在しているだけで、かえって内面を外化することで、私は自分の主体としてのあり方を失ってしまうという危険がある。

対象の側にあるものは本当は〈自己〉なのだから、それを自分の主観性の側に取り戻せばいいのだが、実際にはそんなに簡単にはいかない。目の前の対象が消えてしまうという神話的な表現が意味しているのは、対象化されたものが、その対象性を否定するところに真実の意味をもつということである。すると、本当は主体であるものが対象の形をとっていて、その対象が消失するという形で、対象性の否定として隠れた主体性が表現される。

神が死んだ

「このようにして意識の対象を克服することが、対象が〈自己〉のうちへと還帰するのを示せばいいというように一面的なものと解されてはならない。もっと限定していうと、次のようになる。対象そのものがたしかに意識の前から消えてみせるのだが、それだけではない。自己意識の外化こそは物象性を定立するのだが、この外化がただ単に否定（消極）的な意義をもつだけではなく、肯定（積極）的な意義ももつ。その積極的な意味がただ単に〈われわれ〉にとって、つまり即自的に成り立つだけでなく、自己意識自身にとっても成り立つ。」

(549, 422-10)

ここには『精神現象学』に固有の「〈われわれ〉にとって、つまり即自的に（für uns oder an sich）」という言い回しがされている。現象する意識は「ナザレのイエスは神だ」と思い込んでいる。このことは、〈われわれ〉哲学者からみれば、実は、本当は、つまり「即自的には」その現象する意識の自我、すなわち自己意識が自己を対象化しているということである。

問題は、〈われわれ〉にとっての即自的な真理を、現象する意識にとっての真理にするということであるが、ヘーゲルは意識の自己喪失にこそ自己回復のきっかけがあるという。「対象そのもの（イエス）がたしかに意識の前から消えてみせるのだが、それだけではない。自己意識の外化こそは物象性（自己の対象化）を定立するのだが、この外化がただ単に否定（消極）的な意義をもつだけではなく、肯定（積極）的な意義ももつ」。その対象が消えたことで、かえって対象を存在させていた自己への自覚が始まる。

自分を外化するということは、主体である自分を物体化するという意味をもつ。これは自己を否定する営みである。しかし、この営みを通じてはじめて、そこに対象化されるという形で、絶対的なものとなったものが、自分自身であるということを知る拠り所が与えられる。自分を外化して捨てきったところから、本当の自己認識が可能になる。

そのときには、外化が〈われわれ〉哲学者の視点でみて、本当の自己認識への一歩だとわかるだけではなくて、その当の自己意識にとってわかるようになる。

それは「私は自分自身を外化した」という自覚があるはずだからだ。ナザレのイエスという男に従うために故郷を捨て、家族を捨てて、行動をともにして遍歴の生活をするということは、すべて自発的な行為である。

そのようなさまざまの自己犠牲的行為や信仰、憧憬の対象であったものが、突然、消失する。「神が死んだ」という意識が生まれる。それはまるでナザレのイエスの直接的存在の空しさを教えるためのようだ。イエス自らが「私は消えていく存在なのだ。このことの意味を受けとめなさい」と語りかけてくる。

他人のなかの自分

「〈自己意識にとって〉対象の否定性が積極的な意味をもつ。言い換えると、対象が自分自身を止揚することが積極的意義をもつ。さらに言い換えると、自己意識が対象の空しさを知るのは、一面では、自己意識が自分自身を外化することによる。つまり、この外化で自己意識は自分を対象として想定する。言い換えると、自己意識が対自存在としての不可分の統一にものをいわせて、対象を自分自身として設定（setzen）する。他面では、自己意識がこの外化と対象性を同時に止揚してしまい、また自分のうちへ還帰してしまって、したがって自分の他在そのもののうちでも自分のもとに存在するというもう一つ別の契機もまた含まれている。」　(549, 422-15)

自己意識は一面では、①内から外へと「自分を対象として想定する」が、しかし他面では、②外から内へと「対象を自分として想定する」ので、③「自分の他在そのもののうちで自分のもとに存在（im Anderssein als solchen bei sich sein）」する。つまり外にあっても内にいるのと同じなのである。

①イエスの姿が消えていくという体験のなかで、実は自分がイエスという像をつくり上げていたのではないかという思いがしてくる。よく考えれば、そのことをイエス自身が自分に語りかけてくる。対象の空しさを知ることと自分を対象化することが、表裏一体となってい

る。「自分を対象化する」とは「自分を自分でないものにする」ことで「イエスを絶対的なものとみなす」ということである。自分の分身をつくることである。

ここで使われるドイツ語は「ゼッツェン（setzen）」だが、もともとの意味は「立てる」とか「置く」とかいう意味である。何かを「客観的に確立する」という意味で使うこともできるが、「見立てる」「想定する」「てっきり……と思い込む」「いちおう……と仮定する」という意味でも使われる。

ここでは「自分を自分でないものに見立てる」という意味である。「私は貴方です」というに等しい想定の作用が働いて、目の前の神が死ぬという経験が成り立つ。

その「見立て」はしかし、②「自分でないものを自分だと見立てる」という面をもっている。これは「貴方は私です」という側面である。

その「貴方である私」は実は「私である貴方」でもあって、③聖霊という形で存在する。私が「自分の他在にあっても自分のもとにある」ということは、「自分を譲っても自分を失わない」ということである。たとえば「卑屈になること」は「自分を失う」ことである。しかし「親切にすること」は、「卑屈になっても、自分を失わない」ことである。あるいは「卑屈にならずに、自分を放棄すること」である。

「他在」とは、「自分でない自分」という意味である。私の「分身」は、私の「他在」である。いま、机の前でコンピュータのキイを叩いている私が、同時に美女の館にしのび込んで逢瀬を楽しんでいるかもしれない。ドイツ・ロマン派のたとえばルートヴィヒ・ティーク(Johann Ludwig Tieck　1773-1853)の『金髪のエクベルト』という小説は、分身(ドッペルゲンガー)の話である。同一人格が二つの身体をもっていて、同時に別のところに存在することができる。

親切にするということには、「貴方は私です」という語りかけが含まれている。親切とは、分身をつくる行為である。卑屈になることには、「私は貴方です」というメッセージが込められている。「私は私です」(自我＝自我)と告げる人は、親切にも卑屈にもならないが、自分の穴から抜け出せない。

人間の生きる目標は「他在のもとで自己自身のもとにいる」こと、自己放棄のなかで自己を失わないということである。親切はその一例で、親切に含まれている自発的な自己犠牲という特質を過激化すれば、献身、出家、殉教となる。

さまざまに姿を変えても、もとの自分に戻ることができるというティークの小説の主人公の特質も、「他在のもとで自己自身のもと」というあり方からきている。

父なる神の立場からすると、イエスは分身であるが、分身であることで神が自己を失うのではない。神は他在において自己のもとにあるというあり方で、自己を啓示する。「地上に降りたもうた神はもはや神それ自身ではない」という主張をする人がいたら、「そのような神は自己を啓示する三位一体の神ではない」と答えたらいい。

34　意識の歴史博物館

イエスを神とみなすのは、みなす人の心のなかに神がいるからである。しかし、誰かの心のなかの神が、本当の絶対者であることはどうして確かめられるのだろう。ヘーゲルは、哲学体系の中心となるような絶対的な真理であることが確かなら、それが絶対的なものだと主張する。あらゆる真理が凝集している知が絶対的な真理だという。すると「ちょっと待ってください。哲学体系の原理と宗教上の神とが同じだというのですか」という質問が出るだろう。

それに対するヘーゲルの回答は、「これまでの記述で意識の経験が宗教にまで到達する必然性が確認されています。ですからいまは、そのことを確認するだけで十分なのです。その確認をすると、啓示宗教のもっている表象性という限界を超えることができます」というのである。

対象にひそむ意識の歴史

ヘーゲルは、これまでの「意識の運動のなかでは意識は自分の諸契機の総体である」(550, 422-23) という。つまり、これまで経験してきた意識のさまざまの契機が集まって意識の運動となるという。

「対象は〔第一に〕一方では直接的な存在であり、言い換えると、一つの物一般であるが、これは直接的な意識に対応する。対象は〔第二に〕他方ではこの物が〈他となること〉であり、物がもつ関連であり、対他存在と対自存在、規定性であるが、これは知覚に対応する。対象はまた〔第三に〕他方では本質であり、言い換えると、普遍的なものとしてであるが、これが悟性に対応する。対象は全体としては推理であり、言い換えると、普遍が規定（特殊）を通じて個別へと至る運動である。個別から止揚された個別、つまり規定を通じて普遍へと至る逆の運動でもある。――したがって、これら三つの規定に即して意識は対象を自己自身として知るに違いない。」

(550, 422-29)

対象そのものが、第一に、直接的な存在であり、これは直接的な意識、つまり感覚の段階に対応する。対象は、第二に、物が「他となること（Anderswerden）」であり、総じていえば他者との関係に基づく規定、「対他存在」「対自存在」「規定性」であるが、これは知覚に対応する。対象はまた、第三に、本質、普遍的なものであり、これが悟性に対応する。

対象は全体としては、感覚に対応する個別性、知覚に対応する特殊性、悟性に対応する普遍性を連結した推理である。すると、意識の歴史的な展開過程としては、感覚↓知覚↓悟性という流れがあるが、これが実は概念の論理的な契機である個別性、特殊性、普遍性を経験する流れになっている。意識が、自分の流れを集約するという形で、意識ははじめて概念の全体を自分のものにすることができる。意識の経験の歴史的な形態と概念の論理的な契機とが、本当は一つのものなのである。

概念は、実は「生命」の分身なのである。「生命」という名前の博物館があったとしよう。アメーバから鳥へ、鳥から哺乳類へというような進化の流れに従って展示が行われているだろう。生命のさまざまな、あえていえば「論理的」な要素を一つ一つ分解して説明してくれるのだが、その要素の歴史的な系列を追っていくと、自然に一番高度に発達した生物のなかにそれまでのすべての要素が含まれるという形になるだろう。

意識の経験も同じである。直接的な意識(感覚)、知覚、悟性というように、意識の要素を分解して陳列すれば、その流れをたどって高次の意識に到達すると、そこにそれぞれの段階が総合されて含まれている。これは人間という生物に、アメーバの要素も、チンパンジーの要素も総合されているというのと同じである。

精神の自己認識は最後の部屋で

すると、この博物館をみる人間は自分の内部にあって普段はみえない要素を、対象化して眺めていくことになる。「人間の本質性」とか「総体としての人間そのもの」をみたいと思っても、みえるのはいつも人間のある段階に対応した、ある要素だけである。

「ここで問題にしているのは、対象の純粋な把握としての知ではない。そうではなくて、この知が、意識そのものに属している側面に応じて、生成過程のなかで、さまざまの契機のなかで提示されることになっている。本来の概念、純粋な知の諸契機も〔ここでは〕意識の諸形態という形で提示される。

①したがって対象が意識そのもののなかに現れてくるのは、〈われわれ〉が上述した精神的本質性（die geistige Wesenheit）としてではまだない。

②また意識の対象に対する態度も総体そのもので考察するわけではない。

③またこの総体のもつ純粋な概念的形式での考察でもない。

この際に意識がとる態度は、(a)一方では、『意識一般』という形態のものであり、(b)他方では、いくつかの、〈われわれ〉がまとめ上げる形態であって、これらの形態では、対象がもつ諸契機の総体も、意識がとる態度が具える諸契機の総体も、いずれもただざまざまな形態の契機へと分散した形でしか提示されない。」（550, 423-5）

いつも「さまざまな形態の契機へと分散した形」だけをみせられるのではいやだ、全体をみせてほしいというならば、まず精神の歴史博物館の最後の部屋までみていかなくてはならない。「これらの契機〔部屋〕のうちで最後のものが必然的にこの統一そのものであり、やがて明らかになるが、そしてこれらの契機のすべてを実際に自分のうちに結合している」(552, 424-25)。すなわち、終着駅は集約駅なのである。

35 精神は骨である

いままでの意識の経験の歴史のなかから、啓示宗教の表象性を克服するのに重要な役目を果たす観念形態をみつけ出してみよう。たとえば観察する理性では「精神は骨である」という判断が示された。これは精神と骨というまったく土俵の違うものを同一視しているのだから、「バラは植物だ」というような判断とは性質が全然違う。それは、別次元にまたがっているという意味で「思弁的性格」をもっている。この種の判断をヘーゲルは無限判断と呼ぶ。

物でないものが物である

「〈われわれ〉がみたのは、この理性が〔頭蓋論という〕頂点で、自分の与える規定を、〈自我の存在は一つの物である〉という『無限判断』で(in dem unendlichen Urteile aussprechen, daß das Sein des Ich ein Ding ist)言い表すということである。この際、〈物〉というのは、一つの感覚的な直接的な物のことである。いったい自我が魂(Seele)

と呼ばれたときには、自我はもちろん、やはり物として表象されているに相違ない。しかし、眼でみることのできない、手に触れることのできない物と思われている。したがって、実際には自我は直接的な存在として表象されているわけではなく、また人が〈物〉という言葉で理解しているものとして表象されているわけでもない。」　(551, 423-23)

「犯罪を見た」とか、「才能が現れている」とかいうのもみなこの手の無限判断である。人々は、見えるはずのないものを「見た」と信じる。ここには内なるものを外なるものに還元してしまう危険と、内なるものを外なるものに外化することによって、内なるものを現実化するという精神的な営みとが、表裏一体となっている。だから「精神は骨だ」という判断でさえも「私は神を見た」という経験が成立するのに必要な段階だったのである。

「だから、その判断は、それが直接に意味しているとおりに解された場合には、精神に欠けており、いなむしろ没精神性そのもの (das Geistlose selbst) である。しかし、この判断はその概念からみれば、本当は『最も精神に富んだもの (das Geistreichste)』である。それでこの精神に富んだものの精髄は、まだこの判断にはみてとれないが、この『内なるもの』こそは、これからまだ考察しなければならない他の両方の契機を言い表している。」　(551, 423-28)

「精神は蛋白質だ」とか、「意識は骨だ」とかいう人々は、「物ではないものを物に置き換えている」という意味では馬鹿げたことを語っている。ところが、「精神は蛋白質だ」といったとたんに、そこには「じゃあ、その蛋白質はただの物ではない」という判断が含まれている。つまり「蛋白質という物は、物ではないものである」(蛋白質は精神である)という逆転が含まれている。

この逆転のなかには「これからまだ考察しなければならない両方の契機」が含まれている。この逆転の分まで読み込んだとき、観察する理性の示した判断は、最高度の知、「私の自己は絶対的なものである」という絶対知の原型を示していることになる。

36　和解の大団円

宗教に凝縮されていくもっと内面的な要素に、良心とか罪の赦しとかいう意識の経験がある。道徳的な意識では純粋な本質性が中心を占めている。

道を説く君

「この道徳的な自己意識は、自分の知が絶対的な本質性（die absolute Wesenheit）であるのを知っている。すなわち、その存在が端的に純粋な知・純粋な意志であるのを知っている。この知・意志を除けば、何もない。これ以外のものは、ただ非本質的な存在が帰属するだけである。つまり、即自存在するものではなく、存在のただ空っぽの殻（seine leere Hülse）があるだけである。」

（*551f.*, 424-13）

ここに描かれたのは純粋な道徳性という概念に凝り固まっている人の内面性である。そのような人には、「他人の罪を赦す」という理由が成り立たない。罪を赦すことは道徳性を否定することになってしまう。しかし、本当の宗教には罪の赦しがある。すると道徳性が罪に赦しを与えるという段階で、道徳性の大きな転機が生まれているはずである。

和解の大合唱

たとえば「フィガロの結婚」の大団円を思い浮かべてみよう。浮気の罪を犯して、夫人に赦しをこう伯爵と、それを赦す夫人とが和解しあう。それと同時に蔭で舞台回しの役を演じていたフィガロが、行為者として登場し、自ら婚約という行為をする。

「〈赦し〉のうちに、しかし〈われわれ〉は、この頑なさが自分で自分自身を差し止めにし、自分を放棄したということをみた。」

（552, 424-35）

ここでは行為する者にとっての現実的なものの頑なさが解消していく。行為する者に対して、現実世界を代弁して、彼に立ちはだかった者が、いまでは行為する者に譲歩し、「赦し」を与えている。

「ここでは自己意識にとっては、現実は、直接的な現存在ではあるが、純粋な知であるというより以外のどんな意義をももたない。」　(552, 425-1)

現実というのは行為する人間がぶつかる壁であるが、その壁は物理的な壁ではなくて、人間である。しかも、特定の立場を代弁する「誰か」、すなわち「直接的な現存在ではあるが、純粋な知である」者、たとえば伯爵夫人なのである。しかし、彼女一人ではない。さまざまな道徳的な意見をもった人々が対立しあってもいる。

「現実は、また規定された現存在、関係でもあって、互いに対立するものが一つの知である。すなわち、一方はこの純粋に個別的な〈自己〉についての知であり、他方は普遍的なものとしての知についての知である。」　(552, 425-1)

生身《なまみ》の人間としてのしがない振る舞いをする人、すなわち「この純粋に個別的な〈自己〉」もいるし、また、建て前としての道徳律の立場をそのまま代弁するような人、すなわち「普遍的なものとしての知（わきまえ）」の人もいる。みなそれぞれに自分の立場を主張している。すなわち「知」である。

それらが赦しあって和解するとき、「ここには同時に、普遍すなわち本質（die Allgemeinheit oder das Wesen）という第三の契機が互いに対立する両方のもののどちらにとってもただ知として妥当するという事態が成り立っている。まだ残っている空しい対立も結局は、それらの知が止揚する。そして両者が『自我は自我である』の知となっている。すなわち、この個別的な自己でありながら、直ちに純粋な知、すなわち普遍的な知なのである」（552, 425-5）。

「赦す」ということは、原則（普遍すなわち本質）を否認することではない。道徳的本質に背いた人でさえ、その本質を自分が身につけるべきものとして承認している。普遍すなわち本質がどちらにとってもただ知として妥当する。もちろん、罪を犯した者と罪を批判した者、赦された者と赦した者という「まだ残っている空しい対立」も、結局は解消する。大団円の大合唱のなかでは、いわば「みんないい子」になってしまう。すべての人が自分を取り戻している。「自我は自我である」という自己意識をもっている。

良心から赦しへと意識が発展することで、意識は宗教の限界を超える。この経験は、意識の構造的な成長という観点からみると、純粋な概念が同時に現実性をもつという学の土台を形成していることになる。

和解から絶対知へ

『精神現象学』では、真理のあらゆる要素・契機が分かれて、独立した意識形態になって、その段階を進むことが、それらの契機が高度の統合に達するという形をとっている。すべての意識形態で、主観性と客観性の対立構造が成り立っている。ところが啓示宗教という最後の主観―客観構造の意識を内在的に克服するためには、主客統一型の意識形態を設定しなくてはならない。すると、実質的に宗教のなかの真理を汲み上げ、形式に主客の統一を形づくっているような意識形態は何かという問いにヘーゲルは答えなくてはならない。その重要な役目を演じさせられたのが、「良心」や「美しい魂」の帰結していく「赦し」の境地である。美しい魂という純粋ではあっても現実感のないものが、行為の「赦し」によって現実的なものとなる。

「このような実現によって、この対象を、相手を欠いた自己意識の頑なな我執は止揚される。充実したものとなることに反対する概念の規定性が止揚される。この概念の自己意識は普遍性の形式を得る。この自己意識に残っているものは、その真実の概念であり、つまり、自分の実現を獲得した概念である。この残っているものこそは、真実における概念、すなわち自分の外化（反対）との統一における概念である。純粋な知に関する知ではあるが、義務という抽象的な本質ではなく、本質に関するにしても、この知、この純粋な自己意識でもあり、したがってこの本質は同時に真実の対象でもある。なぜなら、この対象は対自的に存在する〈自己〉だからである。」（554, 426-6）

義務や道徳性と赦しを通じて、純粋な概念が現実性をもつということから、論理的な概念を自己のものとして身につけているような自己意識が成立する。自我の構造的成熟過程として考えれば、一人の独立した「自己意識」として社会的に円熟した振る舞いをするということに含まれるものが、学の成立構造と一致する。

「赦し」によって、宗教の彼岸性（対象性、表象性）が克服されると、そこには論理的なものを、〈自己〉に即して確認できる意識が成立している。

「宗教では内容であったもの、ある他者の表象という形式をとっていたものが、ここでは〈自己〉自身の行為である。概念は、内容が〈自己〉自身の行為となるように結合する。なぜなら、この『概念』というのは、〈われわれ〉のみるように、①あらゆる本質性とあらゆる現存在としての、自己内での〈自己〉の行為の知であり（das Wissen des Tuns des Selbsts in sich als aller Wesenheit und alles Daseins)、②実体としての主体の知、その行為の知としての実体の知だからである（das Wissen von diesem Subjekte als der Substanz und von der Substanz als diesem Wissen seines Tuns）。」　（556, 427-18）

この「概念」というのは、すなわち「あらゆる本質性とあらゆる現存在として（als aller Wesenheit und alles Daseins）」万物の核心であり、世界のすべての本質をもつ現存在の元締めである。それが個人の意識に宿る。すなわち「自己内で〈自己〉の行為の知（das Wissen des Tuns des Selbsts in sich）」となっている。すなわち、内面的な自己の実践的なわきまえとなっている。

ここに絶対知がある。それは、宗教の限界を超えているとはいっても、何か神秘的な内面性ではない。日常的な常識人としての生き方（フィガロの立場）が、そのまま論理的な概念（本質性と現存在）を体現しているということである。

精神の最後の形態

「このような精神の最後の形態とは、自分の完全な、また真実な内容に同時に自己という形式を与えている精神でもある。こうすることによって自分の概念を〔一方では〕実現するとともに、〔他方では〕またこの実現のうちでも自分の概念のうちにとどまる精神であるが、これが『絶対知』である。この絶対知とは自分を精神の形態で知る精神（der sich in Geistsgestalt wissende Geist）であり、言い換えると、概念的に把握する知（das begreifende Wissen）である。」（556, 427-28）

すなわち、第一に、人間の精神の歴史を〈自己〉に集約している（自分の完全な、また真実な内容に同時に自己という形式を与えている）、第二に、概念と実在、本質性と現存在を統一している（自分の概念を実現するとともに自分の概念のうちにとどまる精神、他在のもとで自己にとどまる精神）、第三に、それでいながら一つのまとまった精神形態（自分を精神の形態で知る精神、あらゆる精神形態を集約する精神形態）であり、第四に、知性的な性格（概念的に把握する知）をもつ精神である。

これだけのものを身につけていれば、あらゆる学問的なものは自由自在になっているはずなのである。その自由自在の核心にあるものは概念であるが、その概念は自分の穴のなかで純粋性を保っているのではなくて、自分から実現していく生命力をもっている。自分を実現していくということは、自分の分身をつくり出していくということである。しかし、いくら分身をつくっても、それによって自分を失ってしまうことはない。

37 論理的なものからの展望

論理的な概念の分身

「精神は自分が現存在するための純粋な境地を、すなわち概念を獲得してしまった。内容はこれの存在の自由に関しては、自分を外化している自己のことであり、言い換えると、自分自身を知るという直接的な統一である。この外化の運動の純粋さは、内容に即して考察したときには、内容の必然性を形づくっている。」(*561f.*, 432-1)

精神は、自分の現実性を生み出して分身をつくること、すなわち「自分が現存在する」ようにすることができるが、それは生命力をもった純粋論理すなわち「概念」という乗り物に乗るからである。その内容は、概念の分身であって、概念からいちおうは離れて独立している。つまり自由である。「内容はこれの存在の自由に関しては、自分を外化している自己」なのである。独立した形で単独に概念を実現しているということは、概念が「自分自身を知るという直接的な統一」を形づくっているということである。

このような分身づくり、すなわち「外化の運動」は、けっしてでたらめに行われるのではなくて、内面的必然性をもっている。すなわち、「内容の必然性」を形づくっている。

すなわち、絶対知によって学問性一般の地盤ができあがるのである。哲学全体の序説的な性格をもつ『精神現象学』から、概念の自己展開という形で成立する学の体系が出発する。

「『精神現象学』ではどんな契機も知と真理との区別をもっており、またこの区別が止揚される運動でもあるが、これに対して学はこの区別とこれを止揚することとを含んではいない。契機が概念の形式を具えているから、契機は真理の対象的な形式と知る自己という形式とを直接的な統一で結合している。反対に学の抽象的な諸契機の各々には、現象している精神一般の一つの形態が対応している。……学の純粋な諸概念を意識の諸形態というこの形式のうちに再認するということは、これら概念の実在性という側面を形づくる。この側面からすると、これら概念の本質であって学では思考としての単一な媒介のうちに定立されている概念が、この単一な媒介の諸契機をバラバラに分散させて、この媒介に内的な対立に従って自分を表現することになる。」(562, 432-14)

この「学」をそのまま『論理学』とみなせば、『論理学』のなかのカテゴリーの一つ一つが、『精神現象学』のなかでは一つ一つの意識形態に対応する。

人類の知恵の歴史が「学の純粋な概念」に沈澱し、結晶化されている。しかし、純粋な結晶は、分解して自分をあらわにする。まるで学問という魂が、さまざまな経験を吸収しては純粋化し、結晶化すると同時に、今度は分解して、現実化するという逆の営みをしているみたいである。

「学は純粋な概念という形式を放棄せざるをえないという必然性を、また概念から意識へと移行することを自分自身のうちに含んでいる。なぜなら、自分自身を知る精神は自分の概念をつかんでいるので、自分自身との直接的な同一性である。この同一性はその区別のなかでも直接的なものについての確信であり、感覚的な意識である。この意識は〈われわれ〉が出発してきた端緒である。このように精神が自分を自分の〈自己〉という形式から放免することは、精神の自分について知の最高の自由と確実さである。」（563, 432-31）

学の全体が多を一に集約する作業と、一を多に放散する作用とを繰り返している。集約の最高点は「純粋な形式」「概念」「自分自身との直接的な同一性」と呼ばれている。それが自己を「外化」し、「概念という形式を放棄」し、「区別」の相に移行し、「〈自己〉という形式から自己を放免」する。要するに、純粋概念が受肉し、現実化し、意識の対象となる。これは純粋概念の自己放棄である。しかし、純粋概念はその自己放棄のまっただなかで、自己を失わない。すなわち、「自由と確実さ」を維持している。

「知は、ただ単に自分だけを知るのではなく、自分にとって否定的なもの、すなわち自分の限界も知る。自分の限界を知るのは、自分を犠牲にするのを知るということである。この犠牲とは『外化』のことである。精神は自分が精神となる生成を自由な偶然的な『出来事』という形式で表現する。〔一方では〕自分の純粋な自己を自分の外に時間として直観し、〔他方では〕自分の存在を自分の外に空間として直観する。精神のこのような生成の後のほうは自然である。自然は精神の生きた直接的な生成である。自然は外化された精神である。自然はその現存在で自分が存立することのかかる永遠の外化以外のものではなく、そしてまた主体を再興する運動でもある。」　(563, 433-3)

ヘーゲルは気取って、難しい表現をしているが、要するに精神が自然を認識することは、精神が自分の限界を知ることであり、精神が自分を犠牲にすることであるが、その自然は実は精神の分身であって、本当は精神が生み出したものである。そして自然の最高の目的は、人間精神すなわち主体をふたたび生み出すことなのである。つまり、自然と精神の対立、自然と精神の同一（精神は自己を外化して自然となる）、自然による人間精神の産出という三つの基礎概念を圧縮した形で、右の文章は述べたてている。しかし、精神が自分をあらわにするのは自然だけではない。

「精神の生成のもう一つの側面は、歴史である。歴史は、知りつつ、自分を媒介しつつ行われる生成であり、時間へと外化された精神である。しかし、この外化は同時に外化すること自身の外化（放棄）でもある。否定的なものが自己自身の否定的なものである。」

（563, 433-12）

この精神の歴史は、自律的なのである。たしかに精神の外部とのかかわりはあるのだが、それがまるで精神の自分一人の歩みのように展開される。「外化の外化」とは、一面では外化の放棄である。しかし、他面では、一つの精神が、さまざまな形態や段階をたどるという意味では、やっぱり外化なのである。外化でないような外化とは、内面的な精神の自律的な展開過程としての歴史像を語っている。それが「自己自身の否定」と呼ばれるのは、精神が本質的に否定的なものであるのに、その否定が自分にかかわることで、一個の独立した純粋否定になることを意味している。いわば精神が一人歩きしている。しかし、その精神の本質は否定なのである。否定が自分を否定することで、一人歩きする。

ここでは「否定の否定が肯定になる」という俗悪な解釈はしたくない。精神が純粋な主体性、能動性であることが否定性なのだから、否定の否定は、否定の自己関係性を指しており、否定性の純粋化という意味である。たえず脱皮して生きつづける精神の歴史が、「否定の自己関係性」と呼ばれている。

緩やかに進むページェント

「この生成が表現しているのは、さまざまの精神の間の一つの緩やかに動く行列である。さまざまの画像からなる一つの画廊である。その画像の一つ一つが精神の余すことのない完全な富によって装われている。一つ一つが非常に緩やかに運動するのは、自己が自分の実体のこのような富の全体に浸透し、これを消化しなくてはならないということによっている。」(563, 433-15)

ここに描かれているのは精神史のゆったりと進む仮装行列である。先頭にいるのは、「感覚的確信」を代弁する最も昔の哲学者だから、ギリシャの懐疑主義者かもしれない。だいたいは時代順に、それぞれの時代の豊かさを汲み上げて、人間精神の本体が自然に浮かび上がってくるようにしなくてはいけない。その本体のことをいま「実体」と呼ぶことにしよう。実体が仮装行列になっている。この行列はどこに向かっていくのだろう。終着の予定地点はどこなのだろう。

「精神の完成は、精神とは何かを、精神が自分の実体を完全に知ることにある。この知は精神の内面化であり、この内面化では精神は自分の現存在を捨てて、自分のもっていた形

態を内面化（記憶）に委ねる。」　（563, 433-19）

仮装行列の終わりは、内面化が完成して、心の奥底にすべてが沈みこむ闇なのである。思い出となって、過去のすべては保存されている。しかし、あの顔、この顔が画像データベースのように保存されているのではない。内面化されて、精神の暗闇のなかですべてが発酵し溶けあって、まったく新しい酒ができあがっている。

まるでプラトンの語った神話のなかの人間誕生の物語のように、精神はすべてを溶け込ませた新しい精神の酒を飲んで、過去の形態を形態としてはすっかり忘れて、新しい大地を踏むようにして、精神のいちばん最初の形からやり直す。そして成長し、教養を達成し、すべてを学び直していく。

すると、ふたたび行列が現れてくる。今度は仮装行列というよりは、一段と内面化された〈続きもの〉である。連続ドラマとか、たくさんの幕間《まくあい》をおいた連続劇のような形であるが、前の場面から後の場面には、リレー競走のときのバトンに当たるものが受け継がれていく。

「精神の国が現存在のうちに形づくられるが、その精神の国は一つの〈続きもの〉の形をしている。そこでは、一つの精神が他の精神にとって代わり、これと交代し、また各々の精神が先立つ精神から世界の国を受け継ぐ。この〈続きもの〉の目標地点は深い淵が明らかになるところである。この深い淵とは〔精神の〕絶対的な把握のこと、絶対的な概念のことであるから、ここを明らかにすることは精神の深い淵を止揚することであり、言い換えると、精神を広げることであり、精神に広がりを与えることであり、この内面に閉じこもった自我を否定することである。この目標地点が絶対知である。自分が精神であると知る精神が、自分の歩んだ道に関して、さまざまの精神の想い出、それぞれの正体が何であり、これらの精神の国の組織をどのように行うかの想い出をもっている。」(564, 433-31)

絶対精神の「処刑場」から論理的なものの登場へ

ヘーゲルはこの「想い出」を絶対精神の「処刑場」だという。

「これらの歴史が絶対精神の想い出（Erinnerung〔語源的には「内面化」〕）を、処刑場（Schädelstätte〔文字通りの意味では「髑髏の場所」〕）を形づくっている。もしも絶対精神が王座の権を欠くときには、生命のない孤独なものであるであろうが、これらの歴史はこの王権にとっての現実性と真実性と確実性とを形づくっている。精神の国という盃から、絶対精神にその無限性が泡立つ。」(564, 434-5)

『聖書』（『マタイ伝』二七の三三、『ヨハネ伝』一九の一七）で「ゴルゴタ」と呼ばれているのはイエスの処刑された場所である。この言葉には、神がイエスとなって外化され、その外化がふたたび処刑という形で否定され、その直接的な姿が消失して、内面化されるという物語が、織り込まれている。

したがって「ゴルゴタ」は絶対的なものがこの世に姿を現して（受肉）、その姿を自ら否定して、本来の自己に戻った（自己内反省）というキリスト教的な啓示を象徴している。つまり、子イエスが神なる神の分身であるように、精神の歴史は絶対精神の分身なのである。

この歴史は、それによって精神が本来の姿に戻って、内面化されるという意味をもつ。すなわち、キリスト伝の挿話に従えば、聖霊の降誕に該当する。精神は、歴史というページェントから、自己の内面に立ち還る。想い出をもつことは、生々しい画像がセピア色に変わることであるが、それによって内面化が成り立つ。

この盃から無限性が泡立つというのは、プラトン的なイデアが、まるで発酵した酒からスピリットが泡立つように現れ出るということで、この「無限性」という言葉は、「本質性（Wesenheit）」の特質を示す言葉であるから、ここに立ちのぼる「無限性の泡」がさまざまな論理的カテゴリーである。

精神の歴史が内面化されて、ここに論理的なものの登場を目前にするようになったことを、この文章は告げている。

あとがきにかえて――『精神現象学』のアクチュアリティ

これまで『精神現象学』の内容について述べてきた。しかし、ヘーゲルが「真理」としてイメージしていたことがらが、現代の数学・論理学・自然科学・社会科学・人文科学の真理とは一致しないのではないかという疑いが浮かび上がるだろう。どうして一九世紀の初頭に書かれた『精神現象学』が、現代という時代に重要な発言力を持ちつづけているのかを考えてみよう。

一、こころの科学が発達したら『精神現象学』を研究する意味がなくなるのではないか

テレビの科学番組などを見れば、生きた脳のはたらきが画像に示されて、被験者が「赤い点が見えます」と言うと、その「見えている」という脳の機能が画像のなかの光として示される。すると「心と脳は同一である。将来、こころの研究は脳の科学的な研究によって、取って代わられる」という主張（心脳同一説）が出てきても不思議ではない。実は、この問題に取り組んだ最初の哲学者の一人がヘーゲルだった。

人間の心のはたらきは、心臓で営まれるという間違った判断は、現在でも「ハート」の形が心の象徴として使われているということにも、その跡が残っているが、「心のはたらきは、心臓にあるのか脳にあるのか」は、永らく決着のつかない問題だった。ギリシャの時代では、アリストテレスが心臓説を採り、有名な医学者のガレノスが脳説を採っていた。一七世紀デカルトの時代になると、脳説の優位がはっきりとしてきた。ウィーンの医師ガル（Franz Joseph Gall 1758-1828）は頭蓋骨の形を見るとその人の才能や性格が読み取れるという説を発表して、大評判になった。骨相学・人相学の書物がたくさん出された。

アリストテレスもデカルトも、「精神の高次の機能は身体から離れて存在する」という離存説を採用していたが、ヘーゲルは「もはや離存説は支持できない」という判断を抱いていた。ヘーゲルは、「精神は骨だ」という命題に正面から取り組んだ。問題は「精神は骨だ」という命題で、同一性の概念が成立するかどうかということである。ヘーゲルのテキストの解釈は、本書の一五一頁、二六二頁に示したので、この問題の現代的な解釈を示そう。

被験者が「赤い点が見えます」と言うとき、観測者にその言葉の意味は伝わる。「私は昨夜夢を見ました」とか、「私はお腹がすいた」とかの言葉は、日常的な意思疎通のなかで通用している。これを「こころの日常的な了解」の領域と呼ぼう。これは科学的な認識の共有ではない。

これに対して、反復して観察された事実の蓄積にもとづく知識は、科学的な認識と呼ばれる。被験者の「赤い点が見えます」という言葉に脳の画像上の光る点が対応する。すなわち、こころの科学的な研究と言われているものは、「こころの日常的な了解」と「反復して観察された事実」にもとづく科学的な観測とを対応させているのであって、了解と観測というまったく異質の知識を「同一だ」と見なしているのである。こころの中の「赤い点」と、機械の画像の中の光る点が、同一であるということ自体は、観測されない。「AはBである」というときに、ABともに同一の観測対象となる通常の意味での同一性の概念が成り立たないということをヘーゲルは「精神は骨だ」という命題で指摘した。

心の科学のこれからの歩みは、了解と観測の対応という軌道の上を進み続けるだろう。私たちが大切だと思っていること、正直、愛、自由、正義等々は、「こころの日常的な了解」の領域のなかで確かめられ、検討されてきた。その検討を止めてしまって、すべてをこころの科学にゆだねることは許されない。

二、真理のイメージは、バッカス祭

ヘーゲルに先行する哲学者で、大きな影響力を発揮しているのはカント（Immanuel Kant 1724-1804）である。カントは、ニュートン力学の示す必然性と人間の自由が両立できないという考え方をなんとかして打ち破ろうとした。そのために科学の根底にある認識が、感覚のような経験知と「因果律」のような経験に依存しない知との結合によって成り立つという説明をすることで、「物自体は認識できない」というテーゼを確証する必要があると信じていた。

ヘーゲルは、カントが視野に入れたニュートン力学の必然性の枠に収まらないような「真理」を知っていた。

「真なるものは、バッカス祭の乱舞のようなものである。そこに参加する者で酔わない者はない。誰かが、飛び出て目立つことがあっても、直ちに溶け込んでしまうので、それは透明で、単純な静止でもある。」 (39, 35-5)

大勢が輪を描いて踊っている場面を思い浮かべると、たまたま飛び出て目立つ人がいても、全体のなかに溶け込んでしまうので、全体として見れば、「単純な静止」である。これが「真理」のイメージだとヘーゲルは言う。

まず「真理は動的な均衡である」と言いかえてもいい。動く物が、動きを持続することで一定の形態を持続する。新陳代謝によって自己を維持する生命体も、その本質は動的な均衡である。

次に「真理は、個別的偶然的な運動の集合が全体としては必然性を形成するところに成り立つ」と言いかえることもできる。これはカントの思い描いたニュートン力学的世界には成り立たない真理である。偶然性と必然性の間には絶対的な溝があって、その両者がふれあうことはない。「個別的に必然的な連鎖の全体が必然的な運動を形成する」としか、考えられていない。だから、自然法則の必然性と個人の自由とは普通では両立できなくなる。ヘーゲルの思い描いた全体としての真理は、たとえばアダム・スミスの「見えざる手」にも見られる集団現象である。

さらに「真理は、共同の主観性である」と言いかえることもできる。市場経済というバッカス祭に参加するものは、所有と売買の自由という酒に酔っている。民主主義というバッカス祭に参加するものは、個人の自己決定権という酒に酔っている。国民国家というバッカス祭に参加するものは、国家こそが個人の献身の対象となる本来性であるというナショナリズムの酒に酔っている。

そして、このさまざまな意味でのバッカス祭が歴史的な審判を下すことで、学問の真理性が維持されるというのが、ヘーゲルの真理像の一つである。

三、哲学のイメージはユークリッド幾何学

歴史的にはラインホルト（Karl Leonhard Reinhold 1757-1823）の影響であるが、哲学は、単一の原理から始めてすべての真理を導き出す体系でなくてはならないという考え方があった。ラインホルトは、カントの哲学は圧倒的にすぐれてはいるが、単一原理からの導出という哲学への要求を充たしていないと言った。この哲学モデルは、もともとはユークリッ

ド幾何学である。少数の公理から出発する必然的な論証によって、幾何学的な定理のすべてをもれなく導き出すという純粋な知の自立的なモデルを作り出していた。

ヘーゲルが、「哲学にまえおきは不要である」という趣旨の発言を繰り返したことは、本書の四八頁以下に詳しくのべた。これは直接的にはラインホルトの、究極的にはユークリッド幾何学の示す学問理念を引き継いだのである。

世界にはさまざまな文化があるが、ユークリッド幾何学の影響を受けたか、受けなかったかによって、その文化の中の合理性の概念が違う。たとえば日本には伝統的な建築法の手引き書に「つぼかね術」がある。これによって日本の大工は、法隆寺を作ることも、明治期の洋風建築を作ることもできた。その記述は非常に正確ではあるが、厳密な数値と近似的な数値の区別がない。

ニュートンがその学問のモデルをユークリッド幾何学に置いたことは大変有名であるが、一九世紀末から二〇世紀初頭の数学基礎論によって、必然的な証明の成立する条件は、さまざまな形で議論され、ヘーゲルが考えたような「バッカス祭」的な真理を、必然的な論証の体系に取り込むことは不可能だと見なされている。

ヘーゲルは、体系の形成に失敗したが、それは当然である。ヘーゲル哲学が、われわれにとって有益であるのは、その体系性ではない。無理矢理に体系の形にねじ込もうとして悪戦苦闘したヘーゲルが、そこに見ていた真理のイメージが、ニュートン力学の真理性というカント的な視野を超えて、自然科学の広い領域に向かって開けているからである。

現代の自然科学のもっとも基本的な原理は、すべてのものが発生と消滅の過程の中にあるという認識である。人文科学、社会科学は、二〇世紀の後半に至るまで、「自然は永遠の法則を反復し、歴史性は人間の精神の領域にある」という根本想定に基づいていた。すべての学問が、自然の根源的な歴史性という視点で組み替えられていくだろう。その組み替え作業のなかで、体系の形成に失敗したからこそヘーゲル哲学は、われわれに有意義であるという評価をかち取ることだろう。

文献案内

ここでは、あくまでも一般の読者が、『精神現象学』に接しようとするときに、役に立つと思われる文献のなかで、入手しやすいものを選んで掲げた。

テキスト

① ホフマイスター編第六版 (hrsg. v. J. Hoffmeister, Felix Meiner, 1952)
② ズールカンプ版 (hrsg. v. E. Moldenhauer u. K. M. Michel, Suhrkamp, 1970) の第三巻
③ ウルシュタイン版 (hrsg. v. G. Göhler, Ulstein, 1970, 1973)
④ 大全集版 (hrsg. v. W. Bonsiepen u. R. Heede, Felix Meiner, 1980) の第九巻

邦訳

① 『精神の現象学』(上・下) 金子武蔵訳 (一九七一年、一九七九年、岩波書店)
② 『精神現象学』(上・下) 樫山欽四郎訳 (一九九七年、平凡社ライブラリー)

このほか、序文 (Vorrede) のみの部分訳として、『世界の名著・ヘーゲル』に所収の「精神現象学序論」山本信訳 (一九七八年、中央公論社)、ならびに『精神の現象学序論——学問的認識について』三浦和男訳 (一九九五年、未知谷)、そして緒論 (Einleitung) のみの部分訳として、ハイデッガー著『ヘーゲルの「経験」概念』細谷貞雄訳 (一九五四年、理想社) がある。

③『精神現象学』長谷川宏訳（一九九八年、作品社）

研究書

①樫山欽四郎『ヘーゲル精神現象学の研究』（一九六一年、創文社）
②金子武蔵『ヘーゲルの精神現象学』（一九七三年、以文社）
③加藤尚武『ヘーゲル哲学の形成と原理』（一九八〇年、未來社）
④山口誠一『ヘーゲル哲学の根源――「精神現象学」の問いの解明』（一九八九年、法政大学出版局）
⑤金子武蔵『精神の現象学への道』（一九八九年、岩波書店）
⑥加藤尚武『哲学の使命――ヘーゲル哲学の精神と世界』（一九九二年、未來社）
⑦加藤尚武他（編）『ヘーゲル事典』（一九九二年、弘文堂）
⑧原崎道彦『ヘーゲル「精神現象学」試論』（一九九四年、未來社）
⑨加藤尚武（編）『ヘーゲル読本』（一九八七年、法政大学出版局）
⑩加藤尚武・座小田豊（編訳）『続・ヘーゲル読本』（一九九七年、法政大学出版局）
⑪加藤尚武（編）『ヘーゲル哲学の新視角』（一九九九年、創文社）
⑫加藤尚武（編）『ヘーゲルを学ぶ人のために』（二〇〇一年、世界思想社）
⑬廣松渉・坂部恵・加藤尚武（編）『講座ドイツ観念論〔第五巻〕ヘーゲル――時代との対話』（一九九〇年、弘文堂）
⑭上妻精・長谷川宏・高山守・竹村喜一郎（編）『ヘーゲル――時代を先駆ける弁証法』（一九九四年、情況出版）

⑮ 細川亮一『ヘーゲル現象学の理念』(二〇〇二年、創文社)

⑯ 久保陽一『生と認識』(二〇一〇年、知泉書館)

⑰ 栗原隆『ドイツ観念論からヘーゲルへ』(二〇一一年、未來社)

⑱ J・イポリット『ヘーゲル精神現象学の生成と構造』(上・下) 市倉宏祐訳 (一九七二年、一九七三年、岩波書店)

⑲ I・フェッチャー『ヘーゲル――その偉大さと限界』加藤尚武・座小田豊訳 (一九七八年、理想社)

⑳ W・マルクス『ヘーゲルの精神現象学』上妻精訳 (一九八一年、理想社)

㉑ R・ブプナー『弁証法と科学』加藤尚武・伊坂青司・竹田純郎訳 (一九八三年、未來社)

㉒ A・コジェーヴ『ヘーゲル読解入門――「精神現象学」を読む』上妻精・今野雅方訳 (一九八七年、国文社)

㉓ W・イエシュケ編『論争の哲学史』高山守・藤田正勝監訳 (二〇〇一年、理論社)

㉔ H・F・フルダ『導入としての現象学』久保陽一・高山守訳 (二〇〇二年、法政大学出版局)

㉕ E・フィンク『ヘーゲル――「精神現象学」の現象学的解釈』加藤精司訳 (一九八七年、国文社)

㉖ *Materialien zu Hegels ›Phänomenologie des Geistes‹*. hrsg. v. H. F. Fulda u. D. Henrich, Suhrkamp, 1973.

㉗ J. Heinrichs : *Die Logik der ›Phänomenologie des Geistes‹*. Bouvier, 1974.

㉘ *HEGEL'S Phenomenology of Spirit*. Translated by A. V. Miller with Analysis of the Text and Foreword by J. N. Findlay, Oxford University Press, 1977.

㉙ C-A. Scheier : *Analytischer Kommentar zu Hegels Phänomenologie des Geistes*. Alber, 1980.

㉚ H. P. Kainz : *HEGEL'S Phenomenology of Spirit*. Pennsylvania State University Press, 1994.

松山壽一（まつやま　じゅいち）
1948年生まれ。法政大学文学部哲学科卒業，立命館大学大学院文学研究科博士課程修了。大阪学院大学経営学部教授。専攻は西洋哲学，科学史，ドイツ観念論，芸術論。著書に『生きることと哲学すること』『ドイツ自然哲学と近代科学』『科学・芸術・神話』『ニュートンとカント』『人間と悪』『人間と自然』『知と無知』など。

座小田豊（ざこた　ゆたか）
1949年生まれ。東北大学文学部哲学科卒業，同大学院文学研究科博士課程単位取得退学。東北大学大学院文学研究科・文学部教授。専攻は哲学・近代哲学，とくにドイツ観念論，ヘーゲル哲学。共編著に『ヘーゲル哲学への新視角』『知の教科書　ヘーゲル』『今を生きる　1　人間として』，翻訳にヘーゲル『イェーナ体系構想』，ブルーメンベルク『コペルニクス的宇宙の生成（1・2・3）』など。

滝口清栄（たきぐち　きよえい）
1952年生まれ。東北大学文学部哲学科卒業，法政大学大学院人文科学研究科博士課程単位取得退学。現在，法政大学，専修大学，駒澤大学講師。専攻は哲学，倫理学。著書に『ヘーゲル「法（権利）の哲学」』『ヘーゲル　現代思想の起点』『マックス・シュティルナーとヘーゲル左派』，訳書にヘーゲル『自然法と国家学講義』など。

山﨑　純（やまざき　じゅん）
1950年生まれ。本名，松田純。東北大学大学院文学研究科博士課程単位取得退学。静岡大学人文社会科学部教授。専攻は生命・環境倫理学，ヘーゲル哲学。著書に『神と国家——ヘーゲル宗教哲学』『遺伝子技術の進展と人間の未来』ほか，翻訳にヘーゲル『宗教哲学講義』ドイツ連邦議会審議会答申『人間の尊厳と遺伝子情報』『受精卵診断と生命政策の合意形成』『エンハンスメント』など。

執筆者紹介

加藤尚武（かとう　ひさたけ）
巻末参照。

原崎道彦（はらさき　みちひこ）
1959年生まれ。東北大学大学院文学研究科単位取得満期退学。高知大学教育研究部教授。専攻は哲学，倫理学，快楽・リラクセーションの哲学。著書に『ヘーゲル「精神現象学」試論』，訳書にヘーゲル『自然法と国家学講義』など。

伊坂青司（いさか　せいし）
1948年生まれ。東北大学文学部哲学科卒業，同大学院文学研究科哲学専攻博士課程単位取得退学。神奈川大学外国語学部教授。専攻はヘーゲルを中心とするドイツ観念論，生命倫理。著書に『ヘーゲルとドイツ・ロマン主義』，共編著に『市民のための生命倫理』『ドイツ・ロマン主義研究』『ドイツ観念論と自然哲学』『シェリングとドイツ・ロマン主義』など。

栗原　隆（くりはら　たかし）
1951年生まれ。新潟大学人文学部哲学科卒業，東北大学大学院修士課程修了，神戸大学大学院博士課程修了。新潟大学現代社会文化研究科教授。専攻は哲学，とくにヘーゲル哲学を中心とするドイツ観念論，倫理学。著書に『ドイツ観念論からヘーゲルへ』『現代を生きてゆくための倫理学』『共感と感応』『ヘーゲル——生きてゆく力としての弁証法』など。

わ　行

な　行

は　行

た　行

さ 行

索　引

あ 行

か 行

KODANSHA

本書の原本は、一九九六年一月、有斐閣より『ヘーゲル「精神現象学」入門〔新版〕』として刊行されました。

加藤尚武（かとう　ひさたけ）

1937年生まれ。東京大学文学部哲学科卒業。京都大学名誉教授，鳥取環境大学初代学長。現在，人間総合科学大学教授。専攻は西洋哲学，環境倫理学。著書に『ヘーゲル哲学の形成と原理』『形の哲学』『環境倫理学のすすめ』『現代倫理学入門』，編著書に『現代哲学の冒険』『ヘーゲル事典』，共訳書にヘーゲル『懐疑主義と哲学との関係』などがある。

講談社学術文庫

定価はカバーに表示してあります。

ヘーゲル「精神現象学《せいしんげんしょうがく》」入門《にゅうもん》

加藤尚武《かとうひさたけ》 編

2012年５月10日　第１刷発行
2022年５月11日　第６刷発行

発行者　鈴木章一
発行所　株式会社講談社
東京都文京区音羽 2-12-21 〒112-8001
電話　編集（03）5395-3512
販売（03）5395-4415
業務（03）5395-3615

装　幀　蟹江征治
印　刷　株式会社ＫＰＳプロダクツ
製　本　株式会社国宝社
本文データ制作　講談社デジタル製作

ISBN978-4-06-292109-1

「講談社学術文庫」の刊行に当たって

これは、学術をポケットに入れることをモットーとして生まれた文庫である。学術は少年の心を養い、成年の心を満たす。その学術がポケットにはいる形で、万人のものになることは、生涯教育をうたう現代の理想である。

こうした考え方は、学術を巨大な城のように見る世間の常識に反するかもしれない。また、一部の人たちからは、学術の権威をおとすものと非難されるかもしれない。しかし、それはいずれも学術の新しい在り方を解しないものといわざるをえない。

学術は、まず魔術への挑戦から始まった。やがて、いわゆる常識をつぎつぎに改めていった。学術の権威は、幾百年、幾千年にわたる、苦しい戦いの成果である。こうしてきずきあげられた城が、一見して近づきがたいものにうつるのは、そのためである。しかし、学術の権威を、その形の上だけで判断してはならない。その生成のあとをかえりみれば、その根は常に人々の生活の中にあった。学術が大きな力たりうるのはそのためであって、生活をはなれた学術は、どこにもない。

開かれた社会といわれる現代にとって、これはまったく自明である。生活と学術との間に、もし距離があるとすれば、何をおいてもこれを埋めねばならない。もしこの距離が形の上の迷信からきているとすれば、その迷信をうち破らねばならぬ。

学術文庫は、内外の迷信を打破し、学術のために新しい天地をひらく意図をもって生まれた。文庫という小さい形と、学術という壮大な城とが、完全に両立するためには、なおいくらかの時を必要とするであろう。しかし、学術をポケットにした社会が、人間の生活にとってより豊かな社会であることは、たしかである。そうした社会の実現のために、文庫の世界に新しいジャンルを加えることができれば幸いである。

一九七六年六月

野間省一

孔子

金谷《かなや》 治《おさむ》著

人としての生き方を説いた孔子の教えと実践。二千年の歳月を超えて、今なお現代人の心に訴える孔子の魅力とは何か。多年の研究の成果をもとに、聖人ではない人間孔子の言行と思想を鮮明に描いた最良の書。

935

エコエティカ 生圏倫理学入門

今道友信著

人類の生息圏の規模で考える新倫理学の誕生。今日の高度技術社会の中で、生命倫理や医の倫理などすべての分野で倫理が問い直されている。今こそ人間の生き方に関わる倫理の復権が急務と説く注目の書き下し。

946

現代の哲学

木田 元著

現代哲学の基本的動向からさぐる人間存在。激動する二十世紀の知的状況の中で、フッサール、メルロ＝ポンティ、レヴィ＝ストロースら現代の哲学者達が負った共通の課題とは？ 人間の存在を問う現代哲学の書。

968

淮南子《えなんじ》の思想 老荘的世界

金谷 治著（解説・楠山春樹）

無為自然を道徳の規範とする老荘の説を中心に、周末以来の儒家、兵家などの思想をとり入れ、処世や政治、天文地理から神話伝説まで集合した淮南子の人生哲学の書。諸子から戦国時代までを網羅した中国思想史。

1014

探究I・II

柄谷行人著（解説・野家啓一）

闘争する思想家・柄谷行人の意欲的批評集。本書は《他者》あるいは《外部》に関する探究である。著者自身をふくむこれまでの思考に対する「態度の変更」を意味すると同時に知の領域の転回までも促す問題作。

1015・1120

精神としての身体

市川 浩著（解説・中村雄二郎）

人間の現実存在は、抽象的な身体でなく、生きた身体を離れてはありえない。身体をポジティブなものとして把え、心身合一の具体的身体の基底からの理解をめざす。身体は人間の現実存在と説く身体論の名著。

1019

哲学・思想・心理

木田　元著
マッハとニーチェ　世紀転換期思想史
十九世紀の物理学者マッハと古典文献学者ニーチェ。接点のない二人は同時期同じような世界像を持っていた。ニーチェの「遠近法的展望」とマッハの「現象」の世界とほぼ重なる。二十世紀思想の源泉を探る快著。

2266

鷲田清一著
〈弱さ〉のちから　ホスピタブルな光景
「そこに居てくれること」で救われるのは誰か？　看護、ダンスセラピー、グループホーム、小学校。ケアする側とされる側に起こる反転の意味を現場に追い、ケア関係の本質に迫る、臨床哲学の刺戟的なこころみ。

2267

コーラ・ダイアモンド編／大谷　弘・古田徹也訳
ウィトゲンシュタインの講義　数学の基礎篇　ケンブリッジ1939年
後期ウィトゲンシュタインの記念碑的著作『哲学探究』に至るまでの思考が展開された伝説の講義の記録。数を数えるとは。矛盾律とは。数学基礎論についての議論が言語、規則、命題等の彼の哲学の核心と響き合う。

2276

中島義道著
差別感情の哲学
差別とはいかなる人間的事態なのか。他者への否定的感情、その裏返しとしての自分への肯定的感情、そして「誠実性」の危うさの解明により見えてくる差別感情の本質。人間の「思考の怠惰」を哲学的に追究する。

2282

宇野邦一著
反歴史論
歴史を超える作品を創造する人間は、歴史に翻弄される存在でもある。その捩れた事実を出発点に、ニーチェ、ペギー、ジュネ、レヴィ＝ストロースなど、数多の思想家とともに展開される繊細にして大胆な思考。

2293

高橋哲哉著
デリダ　脱構築と正義
ロゴス中心主義によって排除・隠蔽された他者を根源的に「肯定」し、現前せぬ「正義」の到来を志向する「脱構築」の思想。散種、差延をはじめとする独創的な概念を子細に読み解き、現代思想の到達点を追究。

2296